POLYGLOTT on tour

Bonn

Siebengebirge][Ahrtal

Die Autorin

Ingrid Retterath

ist Rheinländerin und kennt Bonn schon aus Studienzeiten. Die Juristin verfasst nebenberuflich auch Wander- und Reiseführer zu europäischen und nordafrikanischen Zielen. Die Recherchen und Wandertouren in ihrer Heimat bergen immer wieder einen besonderen Reiz für sie.

Das System der POLYGLOTT Sterne

Auf Ihrer Reise weisen Ihnen die Polyglott-Sterne den Weg zu den bedeutendsten Sehenswürdigkeiten aus Natur und Kultur. Für die Vergabe orientieren sich Autoren und Redaktion am UNESCO-Welterbe.

*** eine Reise wert ** einen Umweg wert * sehr sehenswert

Unsere Preissymbole bedeuten:

Hotel (DZ)		Restaurant (Hauptgericht)	
●●●	über 100 €	●●●	über 25 €
●●	60 bis 100 €	●●	8 bis 25 €
●	unter 60 €	●	unter 8 €

Reiseplanung

Land & Leute

Unterwegs in Bonn

Zeichenerklärung der Karten

6 Top 12 Tipp

beschriebenes Stadtviertel (Seite=Kapitelanfang)

32 oder A Sehenswürdigkeiten

5 Tourenvorschlag in Stadt

Autobahn

Schnellstraße

Hauptstraße

sonstige Straßen

Fußgängerzone

Eisenbahn

Staatsgrenze

Landesgrenze

Nationalparkgrenze

POLYGLOTT Top 12

1. Brauerei Bönnsch
2. Hofgarten
3. Münsterbasilika
4. Poppelsdorfer Schloss und Botanische Gärten
5. Kunst- und Ausstellungshalle
6. Haus der Geschichte der Bundesrepublik Deutschland
7. Planetenlehrpfad
8. Godesburg
9. Schiffstour im Rheintal
10. Drachenfels/Siebengebirge
11. Brühler Schlösser
12. Romantisches Ahrtal

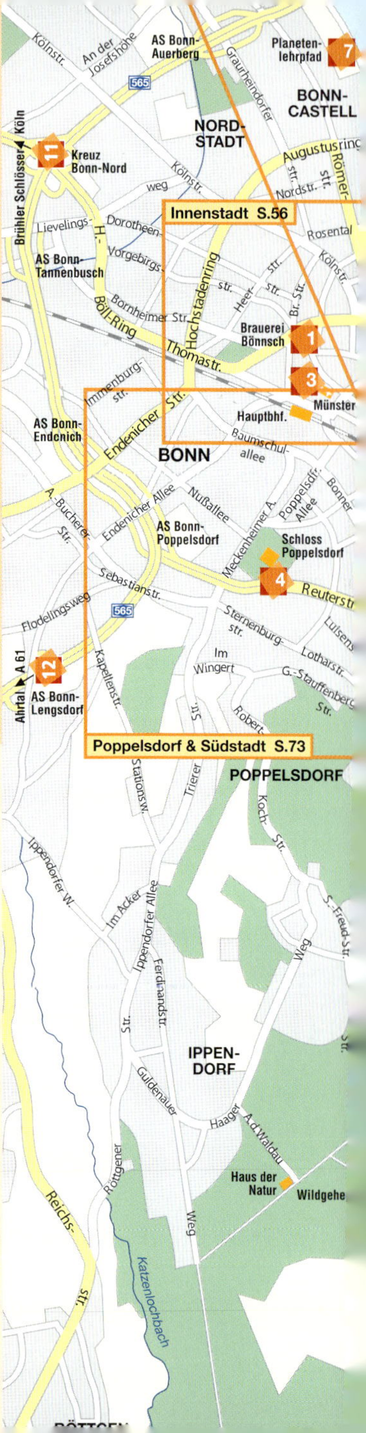

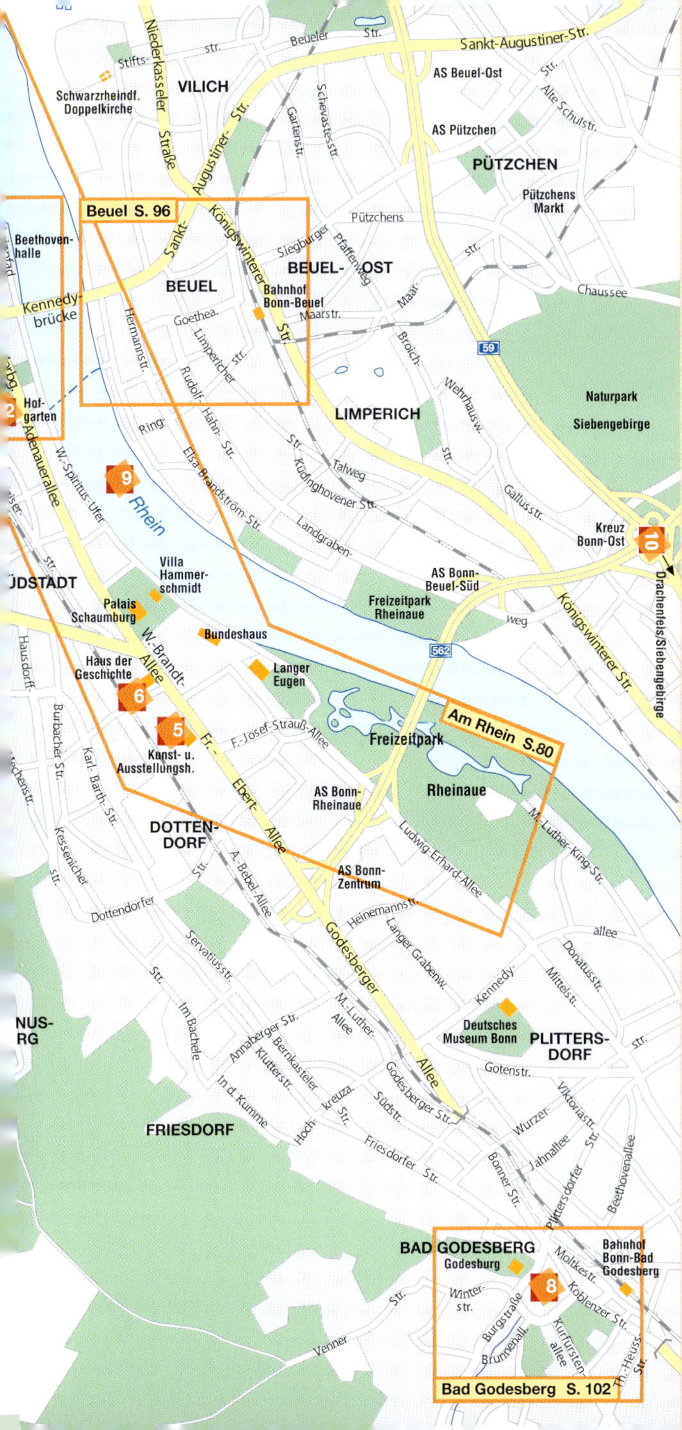
VILICH
Schwarzrheindf. Doppelkirche
Stifts-str.
Beueler Str.
Sankt-Augustiner-Str.
Niederkasseler Straße
AS Beuel-Ost
AS Pützchen
Alte Schulstr.
PÜTZCHEN
Pützchens Markt
Beuel S. 96
Beethoven-halle
Kennedy-brücke
BEUEL
BEUEL-OST
Bahnhof Bonn-Beuel
Königswinterer Str.
Hermannstr.
Goethea.
Limpericher Str.
Maarstr.
Siegburger
Pützchens Chaussee
Pfaffenweg
Hof-garten
LIMPERICH
Naturpark Siebengebirge
Rheinaue
Ring
Rhein
W.-Spiritus-Ufer
Adenauerallee
Elsa-Brandström-Str.
Küdinghovener Str.
Talweg
Landgraben-weg
Gallusstr.
Kreuz Bonn-Ost
10
9
Drachenfels/Siebengebirge
AS Bonn-Beuel-Süd
Villa Hammer-schmidt
Palais Schaumburg
Bundeshaus
Langer Eugen
Freizeitpark Rheinaue
Haus der Geschichte
6
5
Kunst- u. Ausstellungsh.
W.-Brandt-Allee
Fr.-Ebert-Allee
F.-Josef-Strauß-Allee
Am Rhein S.80
Freizeitpark Rheinaue
AS Bonn-Rheinaue
Ludwig-Erhard-Allee
M.-Luther-King-Str.
DOTTEN-DORF
AS Bonn-Zentrum
Heinemannstr.
Langer Grabenw.
Burbacher Str.
Karl-Barth-Str.
Kessenicher Str.
Dottendorfer Str.
A.-Bebel-Allee
Godesberger Allee
Servatiusstr.
Im Bachele
Annaberger Str.
Bernkasteler Str.
Klutterstr.
In d. Kumme
M.-Luther-Allee
Kennedyallee
Donatusstr.
Mittelstr.
Deutsches Museum Bonn
PLITTERS-DORF
Gotenstr.
FRIESDORF
Kreuza.
Südstr.
Godesberger Str.
Friesdorfer Str.
Hochkreuz
Wurzer-str.
Viktoriastr.
Jahnallee
Plittersdorfer Str.
Beethovenallee
Bonner Str.
BAD GODESBERG
Godesburg
8
Moltkestr.
Bahnhof Bonn-Bad Godesberg
Winter-str.
Koblenzer Str.
Burgstraße
Brunnenall.
Kurfürstenallee
Th.-Heuss-Str.
Venner Str.
Bad Godesberg S. 102

Reiseplanung

Die Stadtviertel][Die schönsten Touren][Klima und Reisezeit][Anreise][Stadtverkehr][Sport und Aktivitäten][Unterkunft][Essen und Trinken][Shopping][Am Abend

Die Stadtviertel im Überblick

Als deutsche Hauptstadt sei Bonn viel zu klein und provinziell, meinten Spötter und sprachen augenzwinkernd vom »Bundesdorf« statt von der »Bundeshauptstadt«. Doch das ist lange her! Seit Deutschland wieder von der Spree aus regiert wird, hat sich Bonn fast unmerklich zu einer der innovativsten und progressivsten deutschen Städte entwickelt, in der es sich zugleich wunderbar leben lässt. Als Universitätsstadt, UNO-Sitz und Standort weltweit tätiger Unternehmen lockt Bonn Menschen aus aller Welt an den Rhein.

Der Fluss durchschneidet das Stadtgebiet und unterteilt es in die vier Stadtbezirke Bonn, Beuel, Bad Godesberg und Hardtberg; davon ist der **Stadtbezirk Bonn** der größte und bedeutendste. Er umfasst 20 der insgesamt 51 Stadtteile und erstreckt sich von Graurheindorf an der nördlichen Stadtgrenze über die gesamte **Innenstadt** mit all ihren Sehenswürdigkeiten von Weltrang bis zum flächenmäßig größten Stadtteil Röttgen. Dieser ist weitgehend von Wald bedeckt und Heimat des beliebten Ausflugsziels Waldau. Ebenfalls zum Stadtbezirk Bonn gehören **Poppelsdorf** mit seinem Schloss, den Botanischen Gärten und der Kreuzbergkirche mit ihrer Heiligen Stiege sowie das Regierungsviertel: Hierzu zählen die Museumsmeile und ein Teil der Rheinauen, die direkt **am Rhein** im Stadtteil Gronau liegen.

Bonner Altstadt im Sommer

Ein weiterer linksrheinischer Stadtbezirk ist **Bad Godesberg** mit 13 Stadtteilen. Hier liegt der südliche Teil der Rheinauen, der UN-Campus, das malerische Muffendorf, das Rheinörtchen Mehlem und natürlich der Kurort Bad Godesberg.

Auf der rechten Rheinseite sind die 14 Stadtteile zum Stadtbezirk **Beuel** zusammengefasst. Hier sind im Rheinbogen von Oberkassel und Ramersdorf rund um die Rohmühle in Zukunft noch einige touristisch interessante Entwicklungen zu erwarten, beispielsweise ein Hotel mit Fährver-

Mildes Klima und viel Grün kennzeichnen die Stadt am Rhein

bindung zum UN-Campus. Beuel ist Heimat der Beueler Waschweiber, die im Rheinland als Initiatorinnen des Weiberfastnachtsbrauchs gelten. Im Norden des Stadtbezirks ist die Doppelkirche von Schwarzrheindorf unbedingt sehenswert.

Auch das **Bonner Umland** ist überaus vielfältig. **Auf der linken Rheinseite** erstreckt sich der Villerücken mit ausgedehnten Waldflächen bis nach Köln. An dessen Ostseite, zum Rhein hin, wird der fruchtbare Lößboden landwirtschaftlich genutzt und liefert erstklassige Obst- und Gemüsesorten. Im Westen von Bonn geht der Villewald in den Kottenforst über. Zusammen bilden sie den Naturpark Rheinland. Hier verläuft die schönste Strecke des **Römerkanal-Wanderwegs,** die sich am besten mit dem Fahrrad erkunden lässt. Weiter südlich lohnen sich Ausflüge ins **Ahrtal**. Entlang des Rheins, also genau südlich von Bad Godesberg, schließen sich einige idyllische Höhenlagen an; hier ist besonders **Rolandseck** mit dem romantischen Rolandsbogen sehenswert.

Rechtsrheinisch bildet das **Tal der Sieg** die Verbindung zum Westerwald. Auf engstem Raum drängen sich an einigen Stellen Radweg, Fußweg, Bahnlinie, Fluss und Straße zwischen den hohen Felsen. Ein Muss für jeden Bonn-Reisenden ist das **Siebengebirge:** Hier gibt es nicht nur deutlich mehr als sieben Berge zu besteigen, sondern auch das Wohnhaus von Konrad Adenauer, der Ausflugsort Königswinter und zahlreiche Schlösser sind beliebte Besichtigungsziele. Und da der Fernwanderweg Rheinsteig eine lange Schleife durchs Siebengebirge zieht, eignet sich diese Teilstrecke auch für Untrainierte als überaus reizvolle Wanderstrecke .

Die schönsten Touren

Ein Wochenende in Bonn

Stadtrundfahrt › Museumsmeile › Altstadt am Abend › Königswinter mit Siebengebirgsmuseum › Drachenfels

Dauer:
1. Tag: Stadtrundfahrt 2 Std., nachmittags Museumsmeile, abends Altstadtbummel; 2. Tag: Schiffstour auf dem Rhein nach Königswinter (25 Min.) mit Wanderung zum Drachenfels (ca. 1 Std.)

Verkehrsmittel:
Stadtführung im Bus, Fahrt zur Museumsmeile per Straßenbahn oder PKW 10 Min. (Parkhaus an der Museumsmeile); Linienschiff nach Königswinter (Abfahrt z.B. Bonn-Innenstadt, unter dem Alten Zoll), Wanderung zum Drachenfels (alternativ Zahnradbahn).

Einen Überblick über Stadt und Region verschaffen Sie sich bei einer **Stadtrundfahrt** › S. 15. Auf der **Museumsmeile** › S. 81 findet sich für jeden Geschmack das richtige Museum, und der erste Tag klingt beschwingt aus bei einem abendlichen Bummel durch die **Altstadt** › S. 68. Am zweiten Tag schippern Sie per Schiff nach **Königswinter** › S. 115 und besuchen das Siebengebirgsmuseum, wandern zum ****Drachenfels** › S. 113 mit der Burg Drachenfels, der Nibelungenhalle mit Reptilienzoo und dem Schloss Drachenburg.

Beethoven-Wochenende

Münsterplatz › Münsterbasilika › St. Remigius › Beethovenhalle › Alter Friedhof › Redoute › Beethoven-Haus

Dauer:
1. Tag: Beethoven-Stadtrundgang 3–4 Std., abends Einkehr im Gasthaus im Stiefel; 2. Tag: Besuch des Beethoven-Hauses 3 Std.

Verkehrsmittel:
Alles ist zentral in der Innenstadt und fußläufig erreichbar.

Ein spezieller Beethoven-Stadtrundgang beginnt am **Beethoven-Denkmal** auf dem Münsterplatz › S. 57 (die Wegbeschreibung des Beethoven-Stadtrundgangs ist kostenlos bei der Bonn Information › S. 15 erhältlich). In der ****Münsterbasilika** › S. 67 spielte der junge Beethoven als stellvertretender Hoforganist die Orgel, während sein Vater als Sänger im Residenzschloss beschäftigt war. Das Gasthaus »Em Höttche« neben dem Alten Rathaus hieß noch »Zur Blomen«, als Beethoven sich hier mit der schönen Babette Koch zum Tanz traf. Die Kirche **St. Remigius** › S. 63 ist für Beethovenfans gleich in zweifacher Hinsicht von Bedeutung: Im Seitenschiff ist der Taufstein zu sehen, über dem Ludwig am 17. Dezember 1770 getauft wurde; als Zehnjähriger spielte er hier zur Frühmesse die Orgel. Wer anschließend noch Elan hat, besichtigt die **Betonskulptur »Beethon«** vor der Beethovenhalle › S. 92, besucht das Grab von Beethovens Mutter auf dem **Alten Friedhof** › S. 68 oder fährt noch zur **Redoute** › S. 106 in Bad Godesberg, wo Beethoven vor Joseph Haydn musizierte. Beschließen Sie den Tag bei einem Abendessen mit regionalen Spezialitäten im Gasthaus im Stiefel › S. 62: Hier soll Beethovens Vater Stammgast gewesen sein und Beethoven selbst oft gespielt haben.

Das *****Beethoven-Haus** › S. 60, das Sie am zweiten Tag besuchen sollten, ist zweifellos der Höhepunkt des Wochenendes. Es ist nicht nur seit mehr als 100 Jahren eine Gedenk- und Forschungsstätte, die eine der größten Beethoven-Sammlungen beherbergt, sondern betreibt zudem ein modernes und sehenswertes digitales Tonstudio und eine Bühne für Musikvisualisierungen.

Politische Zeitreise

Thementour › Bad Godesberg › Petersberg › Haus der Geschichte der BRD › Museum Koenig › Palais Schaumburg › Villa Hammerschmidt › Langer Eugen › Altes Wasserwerk › Bundeshaus

Dauer:

1. Tag: Themen-Stadtführung 2 Std., nachmittags Tour durch Bad Godesberg; 2. Tag: Regierungsviertel 4 Std., Führung durch das Kongresszentrum 2 Std.

Verkehrsmittel:

Stadtführung zu Fuß, Fahrt nach Bad Godesberg per Straßenbahn oder PKW 20 Min., Regierungsviertel: Straßenbahn oder PKW, Parken im Parkhaus an der Museumsmeile hinter der Kunst- und Ausstellungshalle.

Erste Wahl unter den Anbietern von Themen-Stadtführungen ist Statt-Reisen Bonn erleben e.V. › S. 15. Je nach Termin Ihres Aufenthalts haben Sie die Möglichkeit, an einer Themenführung zur Bonner Republik, zur NS-Zeit in Bonn, durch die frühere Bannmeile oder zur Flak-Kaserne auf dem Venusberg teilzunehmen. Wer es etwas aufregender will, meldet sich als Team zur Tour »Spionage in Bonn« an.

Am Nachmittag fahren Sie auf der Godesberger Allee nach **Bad Godesberg** › S. 102, wo Sie durch das im Krieg unzerstört gebliebene Villenviertel flanieren können, in dem zu Hauptstadtzeiten viele Botschafter residierten und Regierungsmitarbeiter wohnten. Oder Sie sehen sich auf dem **Petersberg** › S. 116 das ehemalige **Gästehaus der Bundesrepublik** an.

Am zweiten Tag besuchen Sie das ***Haus der Geschichte der Bundesrepublik Deutschland** › S. 84 und das ehemalige Regierungsviertel in der Bannmeile. Dabei finden Sie den Ort der Gründungsversammlung im ***Museum Alexander Koenig** › S. 86, bevor Sie weiter gehen zum ***Palais Schaumburg** › S. 85, zur ***Villa Hammerschmidt** › S. 87, zum **Alten Wasserwerk** › S. 88, zum **Langen Eugen** › S. 89 und zum **Bundeshaus** › S. 87 mit dem neuen Plenarsaal.

Ein Wochenende mit viel Kultur

KAH › Kunstmuseum › Brühler Schlösser › Max-Ernst-Museum

Dauer:
1. Tag: Museumsbesuche je 1–3 Std., Brunch 1–1,5 Std., Flohmarktbesuch 2–4 Std., Theater oder Konzert am Abend; 2. Tag: Brühler Schlösser 3 Std., Max-Ernst-Museum 2 Std.

Verkehrsmittel:
Alle Ziele sind mit Bahn, Straßenbahn oder Auto gut zu erreichen. Rheinaue/Flohmarkt: Linien 66, 68 bis Rheinaue; Brühl: ab Bonn Hbf mit RE 5, MRB 26 und RB 48, Schloss Augustusburg und Max-Ernst-Museum liegen direkt am Bahnhof Brühl; Schloss Falkenlust ist ca. 1,5 km vom Bahnhof entfernt; Straßenbahn mit der Linie 18 bis Brühl-Mitte, anschließend 15 Min. Fußweg.

Bei einem Kulturwochenende in Bonn steht der Besuch der Bonner Museen im Mittelpunkt: Hierfür seien die ***Kunst- und Ausstellungshalle** (KAH) › S. 83 und das ***Kunstmuseum** › S. 83 besonders empfohlen. Genießen Sie zwischendrin einen üppigen Brunch in einem der Lokale an der Rheinpromenade. Von April bis Oktober bietet sich an jedem dritten Samstag im Monat ein Besuch des pittoresken **Flohmarkts in den Rheinauen** › S. 95 an. Den Abend sollten Sie in einem der erstklassigen Theater, Konzerthäuser oder der Oper verbringen › S. 34. Der zweite Tag ist einer Landpartie nach Brühl vorbehalten. Historische Gebäude- und Gartenarchitektur vom Feinsten erleben Sie bei den ***Brühler Schlössern** › S. 128. Anschließend entführt das ****Max-Ernst-Museum** › S. 129 in die Welt des Dadaismus und Surrealismus. Den Tag ausklingen lassen kann man im Mandala Spa › S. 24.

Fünf Erlebnistage mit Kindern

Junges Theater › Museum Koenig › Planetenlehrpfad › Rheinisches LandesMuseum › Phantasialand › Ahrtal › Königswinter

Dauer:
1. Tag: vormittags Besuch im Jungen Theater Bonn, nachmittags Museum Alexander Koenig und Spaziergang in den Rheinauen; 2. Tag: vormittags (Rad-)Wanderung auf dem Planetenlehrpfad, nachmittags Besuch des Rheinischen LandesMuseums; 3. Tag: Phantasialand; 4. Tag: Ausflug ins Ahrtal und Besuch des Kletterwaldes; 5. Tag: Schiffstour nach Königswinter

Verkehrsmittel:
Mit PKW oder öffentlichen Verkehrsmitteln: Junges Theater Bonn: Straßenbahn 66, 67; Rheinaue: Straßenbahn 66, 68 bis Rheinaue; Start Planetenlehrpfad: nahe U-Bahn Heussallee; Phantasialand/ Brühl: Straßenbahn 18 bis Brühl-Mitte oder ab Bonn Hbf RE 5, MRB 26, RB 48 bis Bahnhof Brühl, dann weiter mit dem Phantasialand-Shuttle; Ahrtal: ab Bonn Hbf mit der Ahrtalbahn (RB 30); Schiffstour: Abfahrt Bonn Innenstadt, unter dem Alten Zoll.

Kinder werden sich in Bonn keinesfalls langweilen. Die nachfolgenden Vorschläge bieten abwechslungsreiche Aktivitäten für einen fünftägigen Besuch mit Kindern in der Stadt und Umgebung. Beginnen Sie am ersten Tag mit einem gemeinsamen Vorstellungsbesuch im **Jungen Theater Bonn** › S. 16/99; nachmittags lässt sich der Besuch im **Naturkundemuseum Alexander Koenig** › S. 86 oder ein Spaziergang in den Rheinauen S. 93 anschließen. Für eine (Rad-)Wanderung in Überlichtgeschwindigkeit auf dem **Planetenlehrpfad** › S. 89 sollte der zweite Vormittag reserviert werden; nachmittags ist das ***Rheinische LandesMuseum** › S. 79 ein spannendes Ausflugsziel. Am dritten Tag sorgt der Besuch im **Phantasialand** in Brühl › S. 129 nicht nur bei Kindern für ein Erlebnis, das in Erinnerung bleibt: Der Freizeitpark für die ganze Familie bietet eine Fülle atemberaubender Attraktionen und Shows. Am besten verschaffen Sie sich schon vor einem Besuch auf der Homepage einen ersten Überblick über die Entertainmentangebote und Attraktionen vor Ort (www.phantasialand.de).

Eine abwechslungsreiche Landpartie voller Abenteuer für die ganze Familie bietet am folgenden Tag der Ausflug ins Ahrtal – mit einem Besuch des **Kletterwaldes** › S. 134, der **Römervilla** › S. 136 und der **Sommerrodelbahn** in Altenahr (Gelsdorfer Str. 3/Rossberg 145, Tel. 0 26 43/23 21, www.sommerrodelbahn-altenahr.de, April–6. Nov. tgl. 10–18, Sa bis 19 Uhr, sonst nur Sa ab 13, So ab 12 Uhr). Absolutes Highlight der Bonner Erlebnistage wird, nicht nur für Kinder, eine **Schifffahrt nach Königswinter** › S. 108 sein. Direkt am Fähranleger liegt das **Sea Life-Aquarium** › S. 115, danach dürfen die Kleinen auf einem Esel zum ****Drachenfels** › S. 113 hinaufreiten, die Großen müssen laufen.

Touren in Bonn und Umgebung

Tour	Stadtviertel	Dauer	Seite
City-Spaziergang	Innenstadt	1 Stunde	57
Bummel durch die Altstadt	Innenstadt	1–2 Stunden	68
In Poppelsdorf und Südstadt	Poppelsdorf & Südstadt	2 Stunden	74
Museumsmeile und Bundesviertel	Am Rhein	1–2 Stunden	81
Auf dem Planetenlehrpfad	Am Rhein	½ Tag oder 1 ½ Stunden	89
Freizeitpark Rheinaue	Am Rhein	2 Stunden	93
Rundgang durch Beuel	Schäl Sick–Beuel	1 Stunde	97
Spaziergang in Bad Godesberg	Bad Godesberg	1 Stunde	103
Im Siebengebirge	Rechts des Rheins	1–3 Tage	111
Im Siegtal	Rechts des Rheins	1 Tag	118
Zum Rolandseck	Links des Rheins	2–3 Stunden	123
Durch das Vorgebirge nach Brühl	Links des Rheins	1 Tag	126
Römerwasser-Radtour	Links des Rheins	1 Tag	132
Im Ahrtal entspannen	Links des Rheins	1 Tag	133

Blick vom Langen Eugen auf den Landesgarten

Stadtführungen und -rundfahrten

»Weg der Demokratie«, »Beethoven zum Anbeißen« oder »Alter Friedhof« – die Auswahl an unterhaltsamen und außergewöhnlichen Stadttouren ist groß.

■ **Bonn Information,** Windeckstr. 1 (am Münsterplatz), Tel. 77 50 00, www.bonn.de, bonninformation@bonn.de. Das Städtische Tourismusbüro organisiert die große Stadtrundfahrt mit dem Cabriobus, Stadtrundgänge, Themenführungen und geführte Radtouren am Rhein.

■ **StattReisen Bonn erleben e.V.,** Hauptbahnhof, Tel. 65 45 53, 24-h-Info-Line 2 42 52 56, www.stattreisen-bonn.de. Außergewöhnliche Führungen zu Fuß und mit dem Fahrrad zu speziellen und spannenden Themen wie Spionage oder Beethoven privat.

■ **Bonner Taxi-Guide,** unter Tel. 55 55 55 kann man rund um die Uhr einen Taxi-Guide buchen (www.taxibonn.de/aktuell.html). Dafür werden touristisch geschulte Taxifahrer eingesetzt; Fotostopps sind jederzeit möglich. City-Tour Bonn »Kompakt« (ca. 30 Min.), City-Tour Bonn »Plus« (1 Std.).

Special

Mit Kindern in der Stadt

Bonn bietet Kindern jede Menge Abwechslung – sodass Langeweile keine Chance hat!

So ein Theater!

Für Theaterfans ist Bonn Beuel der beste Stadtteil: Das **Junge Theater Bonn** (JTB) macht seit über 40 Jahren Theater für Kinder und Jugendliche und gehört zu den bestbesuchten Kinder- und Jugendtheatern Deutschlands. In der dem Theater angegliederten Schauspielschule werden jährlich Hunderte von Kindern und Jugendlichen unterrichtet, von denen manche den Sprung ins Nachswuchsensemble schaffen und mit den Profischauspielern des Theaters gemeinsam auf der Bühne stehen. Im Spielplan sind u.a. echte Klassiker wie Astrid Lindgrens »Pippi in Taka-Tuka-Land«, Erich Kästners »Emil und die Detektive« oder Otfried Preusslers »Krabat«. Für die Bühnenumsetzungen der Bücher »Herr der Diebe«, »Drachenreiter« und »Tintenherz« von Cornelia Funke sicherte sich das Junge Theater Bonn jeweils die Welturaufführungrechte.

Junges Theater Bonn
Beuel][Hermannstr. 50
Tel. 46 36 72][www.jt-bonn.de

Die **bühne in der brotfabrik** › S. 34 und das **Theater Marabu** in der Brotfabrik verzaubern mit ihren Stücken ebenfalls Kinderherzen.

Theater Marabu
Kreuzstr. 16][Tel. 4 33 97 59
www.theater-marabu.de

Outdoor-Spaß pur!

Die beiden **Kletterwälder** in Brühl › S. 129 und Bad Neuenahr › S. 134 stehen bei den einheimischen Kindern und Jugendlichen auf der Liste der Ausflugsziele ganz oben. Es ist ja auch total aufregend, in luftiger Höhe seine eigene Gelenkigkeit, Koordination und Kraft zu testen und jeweils nach der letzten Station mit einer Seilbahnfahrt in die Tiefe zu rauschen. Ein weiterer Hit sind die **Fahrradrallyes von Kindern für Kinder:** Die Beschreibungen der jeweils zwölf Stationen in der Bonner Nordstadt, in Bad Godesberg, Beuel und auf dem Brüser Berg (Hardthöhe) gibt es u.a. bei der Bonn Information › S. 15 und unter www.bonn.de (Suchbegriff »Fahrradrallye«).

Buch-Tipp Hunderte weitere Tipps für Aktivitäten und Ausflüge in Bonn und Umgebung, speziell für Kinder zwischen 3 und 13 Jahren, in den Büchern **Rheinland mit Kindern** und **Eifel mit Kindern** (für das Ahrtal) von Ingrid Retterath.

Museen nichts für Kinder? – Von wegen!

Für Kinder empfiehlt sich das ***Museum Alexander Koenig** › S. 86 auf der Museumsmeile, das mit etwa 7 Mio. Präparaten das größte Naturkundemuseum in Deutschland ist. Versteinerungen bereits ausgestorbener Tiere können im **Goldfuß-Museum** › S. 77 gegenüber vom Botanischen Garten bewundert werden – sogar ein versteinertes Häufchen Dino-Kot ist dort ausgestellt!

Im *****Haus der Geschichte der Bundesrepublik Deutschland** › S. 84 gibt es Handouts von Mitmachprogrammen für Kinder und Jugendliche. Anhand der Fragen zu einzelnen Ausstellungsthemen lässt sich eine spannende Familien-Rallye durch das Museum veranstalten. Bereits Grundschüler können hier mit »Spielsachen erzählen Geschichte« alle Epochen der Nachkriegsgeschichte erfassen.

Im **Rheinischen LandesMuseum** › S. 79 gibt es spannende Mitmachstationen, bei denen Kinder z. B. auf römischen Wachstafeln schreiben dürfen.

Auf zu Sonne, Mond und Sternen!

Auf dem **Planetenlehrpfad** › S. 89 am Rheinufer können Kinder in dreifacher Lichtgeschwindigkeit laufen – vorausgesetzt, man betrachtet das menschliche Schritttempo in Relation zu der etwa einen Meter großen Sonnenkugel. Die **Bonner Sternwarte** bietet von November bis März jeden zweiten Freitag um 19.30 Uhr öffentliche Sternführungen an, bei denen der Bonner Sternenhimmel erklärt wird. Jeden Montagabend ist im **Refraktorium** der Alten Sternwarte ab 18 Uhr Programm: von November bis März gibt es bei klarem Himmel Sternführungen, von April bis September bei klarem Wetter Sonnenbeobachtungen. Auch die Ausstellung und Bibliothek sind dann geöffnet.

■ **Sternwarte Bonn**
Endenich
Auf dem Hügel 71
www.volkssternwarte-bonn.de.

■ **Refraktorium**
Alte Sternwarte
Poppelsdorfer Allee 47
Tel. 22 22 70

Klima und Reisezeit

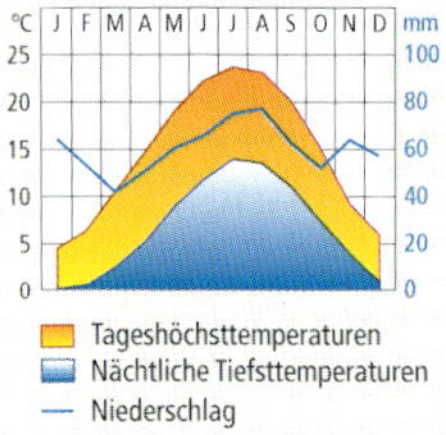

Bonn empfängt seine Besucher zu jeder Jahreszeit mit einem milden Klima und mäßigen Niederschlägen. Schnee fällt selbst in strengen Wintern nur an wenigen Tagen, die Statistik verzeichnet gerade mal zehn Eistage pro Jahr mit Tageshöchstwerten unter dem Gefrierpunkt. Im Sommer steigen die Temperaturen selten über 25 °C. Selbst während des Karnevals im Februar gibt es Tage, an denen die Jecken sommerlich bekleidet den Zug der Karnevalisten bejubeln. Besonders angenehm sind Wanderungen und Radtouren durch das Siebengebirge im Frühjahr und Herbst. Die schönste Reisezeit aber ist der Sommer – wenn auf den Bühnen am Markt, auf der Museumsmeile und in den Rheinauen Kulturevents unter freiem Himmel stattfinden.

Anreise

Shuttle vom Flughafen

Vom **Flughafen Köln/Bonn** (www.koeln-bonn-airport.de, Tel. 0 22 03/4 01) fährt ab Terminal 1 zwischen ca. 5.30 Uhr und 24 Uhr der Airport-Express-Bus (Linie SB 60) u. a. das Innenministerium und den Hauptbahnhof an.

Mit dem Auto

Bonn liegt verkehrsgünstig an allen wichtigen rheinischen Autobahnen. Von Norden gelangt man über die A 555, die A 59 und die A 3 nach Bonn, von Süden ebenfalls über die A 3 und über die A 61 (im Kreuz Meckenheim auf die A 565 wechseln).

Mit der Bahn

An der rechtsrheinischen Strecke Köln-Rhein/Main liegen die Bahnhöfe **Bonn-Beuel** und **Bonn-Oberkassel,** nächstgelegener ICE-Haltepunkt ist Siegburg. **Bonn Hauptbahnhof, Bonn-Bad Godesberg** und

Bonn-Mehlem sind Haltepunkte auf der idyllischen linksrheinischen Strecke, die von Köln über Brühl, Bonn, Remagen, Koblenz und Bingen nach Mainz führt.

Stadtverkehr

Mit Auto und Motorrad

In der Innenstadt sind kostenfreie Parkplätze rar. Parkhäuser sind gut ausgeschildert und meist bis 1 Uhr nachts geöffnet. Das Stadthaus-Parkhaus an der Oxfordstraße (Einfahrt über Max- und Weiherstraße) ist durchgehend geöffnet und kostet bei Einfahrt nach 19 Uhr für die ganze Nacht nur 1 €.

Mit öffentlichen Verkehrsmitteln

Die sechs Stadtbahn-, 30 Bus- und neun Nachtbuslinien werden von den Stadtwerken Bonn (SWB) im Verkehrsverbund Rhein-Sieg betrieben. Aktuelle Fahrpläne und Informationen zum Tarifsystem finden sich unter www.vrsinfo.de oder unter Tel. 0 18 03/50 40 30.

Mit der Fähre

Das Bonner Stadtgebiet wird vom Rhein durchschnitten. Parallel zu den Brücken der A562, A565 und B56 verkehren die Autofähren **Bad Godesberg–Niederdollendorf** und **Königswinter–Bad Godesberg-Mehlem,** beide tgl. 6.05 bis 21.45, So ab 8.05 Uhr, **Mondorf–Graurheindorf,** Mo–Fr 6.30 bis 19, Sa 10–18, So 10–17 Uhr und **Rolandseck–Bad Honnef,** tgl. 6.30–20, So ab 8 Uhr; Personenfähre **Bonn–Beuel,** tgl. 7.30 bis 19.30, So ab 9 Uhr (im Winter seltener).

Mit dem Fahrrad

Bonn ist ausgezeichnet als »fahrradfreundliche Stadt in NRW«. Die **Radstation Bonn** befindet sich hinter dem Hauptbahnhof, Fahrradverleih Mo–Fr 6–22.30 Uhr, Sa ab 7, So, Fei ab 8 Uhr (Quantiusstr. 26, Tel. 9 81 46 36).

Bonn Regio WelcomeCard

Echt gut!

Einzelpersonen zahlen für die **Bonn Regio WelcomeCard** inkl. Fahrschein im Bonner Stadtgebiet für 24 Std. 9 €, Familien (zwei Erw. mit bis zu drei Kindern zwischen 6 und 17 Jahren) 19 €; darin ist u.a. der freie oder ermäßigte Eintritt in Museen in und um Bonn enthalten. Mit der WelcomeCard Bonn Plus oder WelcomeCard VRS kann man die Nutzung der öffentlichen Verkehrsmittel erweitern. ADAC-Mitglieder erhalten weiteren Rabatt. Infos: www.bonn-region.de.

Sport und Aktivitäten

Wandern

Bonn ist umgeben von herrlichen Wandergebieten. In der Stadt selbst bieten sich die **Waldau** auf dem Venusberg und der **Naturpark Rheinland** für ausgedehnte Spaziergänge an. Geschichtsinteressierte Wanderer laufen den **Römerkanal-Wanderweg** von Köln über Brühl, den Kottenforst und Rheinbach nach Nettersheim. Nur einen Steinwurf entfernt liegen das für Wanderer sehr gut erschlossene **Siebengebirge** und die bewaldeten **Sieghöhen**. Der **Fernwanderweg Rheinsteig** beginnt in Bonn und verläuft über eine reizvolle Strecke von mehr als 40 Kilometern durch das Siebengebirge, bevor er an Neuwied, Koblenz, Rüdesheim und Schlangenbad vorbei in Wiesbaden endet. Beliebt bei Wanderern sind auch der **Rheinhöhenweg** und der **Rotweinwanderweg** im Ahrtal. **Jakobsweg**-Pilger finden ab Bonn-Endenich einen gut zu laufenden Abschnitt über Bad Münstereifel, Blankenheim und Prüm nach Trier.

Tagestouren: Im Naturpark Rheinland sind der Villeweg (22 km), der Kappesweg (21 km) und der Panoramaweg (9 km) als Tagestouren ausgewiesen. Faltblätter können unter Tel. 0 22 71/ 83 42 10 angefordert werden, Infos auch unter www.naturpark-rheinland.de.

Buch-Tipp Karten und Wanderführer vom Eifelverein unter www.eifelverein.de. Zu den Fernwanderwegen Rheinsteig, Römerkanal-Wanderweg und Eifelsteig gibt es im Conrad Stein Verlag handliche Führer im Hosentaschenformat (www.conrad-stein-verlag.de).

Erlebniswandern auf dem Rheinsteig

Prämiert als Deutschlands schönster Wanderweg 2006, ist der Rheinsteig in der Tat einer der schönsten deutschen Fernwanderwege. Auf 320 km erwandert man von Bonn aus die Wälder des Siebengebirges, übt seine Trittfestigkeit in den schroffen Felssteigen des Mittelrheintals und gelangt schließlich in die Weinberge im Rheingau, bevor am Schloss Biebrich bei Wiesbaden der Endpunkt erreicht wird. Spektakuläre Ausblicke sind garantiert, und dank vorzüglicher Wegmarkierung ist ein Verlaufen nahezu unmöglich. Lohnende Abstecher sind Koblenz, Lahnstein und Rüdesheim, die am Wegesrand liegen. Wer nicht gleich bis Wiesbaden wandern möchte, kann auch nur eine Etappe wählen – schon die ersten Kilometer hinüber ins Siebengebirge sind zu empfehlen › S. 117. Auf der Homepage www.rheinsteig.de können Sie sich ausführlich auf die Rheinsteigwanderung vorbereiten.

Radfahren

Idylle pur: Mayschoß im Ahrtal

Angeblich kreuzen sich in keiner anderen Stadt Deutschlands mehr Radwege als in Bonn. In jedem Fall ist die Bonner Rheinpromenade Teil des Erlebniswegs Rheinschiene von Bonn nach Duisburg (www.erlebnisweg-rheinschiene.de). Kürzere Radstrecken führen durch das Bundesviertel und Bad Godesberg (20 km) oder entlang der Museumsmeile (12 km). Unter www.naturpark-rheinland.de findet man eine interaktive Karte für die Radwege durch den Naturpark Rheinland. Infos zu Routen und Thementouren wie **Wasserburgenroute** oder **Bonner Burgenrunde** unter www.wasserburgen.de oder bei der Bonn Information › S. 15. Gute Planungshilfen im Internet unter www.radroutenplaner.nrw.de und beim ADFC unter www.adfc-bonn.de.

Bei der **Radstation Bonn** › S. 19 kann man Räder leihen und auch sein eigenes Rad zur sicheren Aufbewahrung abgeben.

StattReisen Bonn erleben e.V. › S. 15 radelt mit seinen Gästen zu den Bonner Burgen. Das Hotel Europa bietet unter dem Motto »Bed & Bike« Pauschalarrangements einschließlich Hotelfahrrad an (Tel. 02 28/ 6 08 80, www.hotel-europa-bonn.de).

Inlineskaten

Rheinauen und Rheinpromenade sind ideale Laufstrecken. Im Rheinauenpark steht die größte Halfpipe Europas, im Sommer finden hier Skaterfeste statt. Infos unter www.bonnskating.de.

Wassersport

Der Rheinauensee im Freizeitpark Rheinaue ist für Segler, Ruderer oder Motorbootsportler ein ideales Terrain. **Geführte Paddeltouren im Kanu oder Canadier werden auf der Sieg** und auf dem Rhein angeboten. Für die Sieg gibt es mehrere Veranstalter, auf den Rhein wagen sich nur Trainer von StattReisen Bonn erleben e.V. › S. 15. Surfer tummeln sich auf dem Rotter See bei Troisdorf. In einigen Seen der Ville ist Schwimmen und Tauchen möglich. **Bootsverleih:** Segel- und Motorbootschule Freizeitpark Rheinaue, Tel. 02 28/23 31 32, April–Sept. Ernst Patt, Am Bootshafen, Windeck-Dattenfeld, Tel. 0 22 92/37 05. Much, Herrenteich, Tel. 0 22 45/7 50.

Echt gut!

Freibäder

Bei Sommerwetter zieht es vor allem Familien mit Kindern in die Freibäder: **Hardtbergbad,** Bonn-Duisdorf, In der Dehlen, Tel. 02 28/ 62 62 18. Hallen- und Freibad mit Riesenrutsche auf der Höhe, bei klarem Wetter reicht die Sicht bis zum Kölner Dom. **Ennertbad,** Bonn-Beuel, Holtorfer Str. 40, Tel. 48 27 64. Ein idyllisch am Waldrand gelegenes Freibad. **Freibad Rüngsdorf,** Bad Godesberg, Am Schwimmbad 8, Tel. 33 13 24. Im Villenviertel, direkt am Rhein gelegen. Das **Monte Mare ist Wasserlandschaft und Wellnessresort** in einem; die Krönung: ein 10 m tiefes Indoor-Tauchbecken (Rheinbach, Münstereifeler Str. 69, Tel. 0 22 26/9 03 00, www.monte-mare.de).

Echt gut!

!! Das Schwimmen im Rhein ist sehr gefährlich! Die Strömung ist heftig, Schiffe können einen unberechenbaren Sog erzeugen, und es lauern starke Strudel und Unterströmungen.

Reiten

Alle Reitställe, Reitschulen und Reitvereine in Bonn und Umgebung findet man unter: www.reiten-in-bonn.de. Bei vielen können auswärtige Reiter auch geführte Ausritte buchen. Wer nicht selbst reiten will, kann im Umland Ausfahrten mit Pferdewagen genießen:

- **Dorfstübchen**

Eitorf-Alzenbach][Tel. 0 22 43/63 75 (Planwagen)

- **Fahrstall Merry Legs Ranch**

Meckenheim][Tel. 0 22 25/70 21 02][mobil 01 72/2 50 56 85 (Kutsche) www.merry-legs-ranch.de

- **Fahrsporttreff Althausen**

Rheinbach][Tel. 0 22 26/90 77 50][mobil 01 73/9 30 87 20 (historische Kutsche)

Gleitschirmfliegen ist auch im Bonner Umland möglich

Klettern

Klassisch klettern kann man in Bonn in der **Kletterhalle BronxRock,** Wesseling, Vorgebirgsstr. 5, Tel. 0 22 36/89 05 70, www.bronxrock.de., Deutschlands größte Kletterhalle. Der **Seilpark Mittelrhein** bietet ein Kletter- und Abseilparadies an den Pfeilern einer nie fertiggebauten Ahrtalbrücke, Bad Neuenahr-Ahrweiler, Tel. 0 26 41/22 27, www.seilpark.de nur mit Voranmeldung. In Brühl kann bei **Schwindelfrei – Der Kletterwald** › S. 129 auf bis zu 10 m Höhe geklettert werden. **WaldAbenteuer** › S. 134 ist ein Waldkletterpark in Bad Neuenahr-Ahrweiler mit Parcours für Kletterer ab 6 Jahren.

Fliegen

Bonn hat viele Angebote für Flüge mit dem **Segel-, Motorflugzeug** oder **Hubschrauber.** Die Flugplätze Köln-Porz-Wahn, Sankt Augustin-Hangelar und Bad Neuenahr-Bengen sind in ca. 30 Min. erreichbar.

■ **Eventflug**

Tel. 02 28/9 45 85 93][www.rundflug24.com

Rundflüge mit Junkers Ju-52, Buschflugzeug, Doppeldeckern und Helikoptern.

■ **Flugschule Köln-Bonn GmbH**

Tel. 0 22 41/92 70 31][www.flugschule-koeln-bonn.de

Rundflüge (max. drei Personen) mit Cessnas.

■ **Rundflug Welt**

www.rundflug-welt.de

Rundflüge für zwei Personen.

Drachen-/ Gleitschirmfliegen

Fürs Drachenfliegen eignet sich das Siegtal bestens. Bonner fahren nach Eitorf oder zum »Alten Stuhl« nach Windeck-Hurst. Gleitschirmflieger starten am Krauskopf und in Hohen Unkel.

■ **Delta Club Rheinland e.V.**

Eitorf][Tel. 0 22 43/8 19 57

www.delta-club.de.

■ **Drachenfliegen vom »Alten Stuhl«**

Windeck][Jürgen Engelberth

Tel. 0 22 92/15 94

■ **DGC Siebengebirge**

Hatschiergasse 23][Bonn

Tel. 02 28/18 41 51 14

www.dgc-siebengebirge.de

Echt gut!

Die besten Orte für Ausdauersportler

■ Die **Rheinpromenade** ist der Klassiker für Radeln, Skaten und Wandern › S. 100.

■ Ein Skaterparadies mit vielen ebenen Wegen sind die **Rheinauen** › S. 93.

■ Sollen eher die Arme trainiert werden? Dann empfiehlt sich Paddeln auf der **Sieg** › S. 21.

■ Die markierte 15 km lange Joggingstrecke auf der **Bonner Brückenrunde** startet in Beuel am Lokal Rheinlust › S. 101.

■ Zum Schwimmen bieten sich besonders die Bahnen im **Römerbad** an (Eduard-Spoelgen-Str. 11, Bonn-Castell, Tel. 67 76 11).

Special

Vom Dampfbad bis Scen Tao

Schon die alten Römer betrieben ausgiebig Wellness in Bonn, wie die archäologischen Ausgrabungen im ehemaligen Regierungsviertel beweisen. So wundert es nicht, dass man bis heute in Bonn und Umgebung attraktive Wellness-Tempel findet. Das römische Dampfbad zählt noch immer zu den Klassikern, doch längst bereichern asiatische Entspannungstechniken, diverse Licht-, Aroma- und Klangtherapien mit wunderlichen Namen das unerschöpfliche Angebot.

Erlebniswelten

Im **Saunapark Siebengebirge** ist allein schon der Ruhebereich einen Besuch wert. Der Park bietet einen natürlichen Bachlauf mit Wasserfall, einen Teich mit Koi-Karpfen, eine duftende Kräuterspirale und sehr schöne Liegeflächen in der Sonne oder unter einem uralten Weidenbaum. Aufgüsse und Zeremonien tragen gut zur Entspannung bei.

Saunapark Siebengebirge
Dollendorfer Str. 106–110
53639 Königswinter-Oberpleis
Tel. 0 22 44/9 21 70
www.saunapark-siebengebirge.de

Vier Elemente

Die chinesische Vier-Elemente-Massage »Feuer, Wasser, Luft und Erde« im **Mandala Spa** in **Brühl** wirkt ausgleichend und stärkend, lindert Stress und Erschöpfungszustände. Asiatische Cocktails und andere exotische Drinks aus dem Reich der Mitte serviert man in der exklusiven Dragon Bar.

Mandala Spa im Hotel Ling Bao
Berggeiststr. 31–41][50321 Brühl
Tel. 0 22 32/3 69 03 81
www.hotellingbao.de

Verwöhnwelten

In **Windhagen** im **Siebengebirge** lässt sich beim Besuch der Saunawelt ein Gang in die typisch finnische Blockhaussauna aufs Angenehmste mit einem Besuch des orientalisch anmutenden Bergkristall-Dampfbades kombinieren. Anschließend entspannt man bei alkoholfreien Fruchtcocktails am Pool mit Blick auf die bewaldeten Hügel des Siebengebirges. Wem das noch nicht international genug ist, der gönnt sich in der Beautywelt ein Serailbad, eine fernöstliche Shiatsu-Massage oder eine Scen Tao-Massage mit heißen Steinen.

Dorint Golf & Spa Windhagen/ Siebengebirge
Brunnenstr. 7
53578 Windhagen-Rederscheid
Tel. 0 26 45/1 50][www.dorint.com/de/hotel-siebengebirge

Alles unter einem Dach

Warum in die Ferne schweifen …? Eine Aroma-Massage mit Ahr-Rotwein oder der »Waldfee«, einer Massagelotion aus Honigwaben, Zedern und echtem Eifel-Wacholder, tut ebenso gut und lockert die Muskeln. Heimische Früchte entwickeln ihre Entspannungskräfte in einem Quitten-Holunder-Sahne-Bad. Im über 20 000 m² großen **Ahr-Resort** in Bad Neuenahr › S. 134, das aus den Ahr-Thermen und dem Historischen Thermal-Badehaus besteht, die durch den »Bademantelgang« miteinander verbunden sind, können Sie aber auch im weltberühmten Mineralwasser des Kurorts baden, Energie tanken bei Medical- und Mental-Wellness-Anwendungen, im Garten der Sinne den betörenden Duft von Lavendel und Heiligenblume erleben oder an einer der unvergleichlichen Sauna-Zeremonien teilnehmen.

Wellness-Wochenenden im Ahr-Resort bietet das exklusive Hotel Steigenberger › S. 135 an, das durch den »Bademantelgang« mit dem Resort verbunden ist.

Weitere Wellness-Ziele

- **Steigenberger Grandhotel**
Petersberg
53639 Königswinter
Tel. 0 22 23/74 07 44 43
www.steigenberger.com/Koenigswinter_Bonn
Erholung in der lichtdurchfluteten Badelandschaft, maßgeschneiderte Schönheitsprogramme.

- **Monte Mare**
Münstereifeler Str. 69
53359 Rheinbach
Tel. 0 22 26/9 03 00
www.monte-mare.de
Spezialaufgüsse und Zeremonien machen den Saunagang hier zu einem besonderen Erlebnis.

Unterkunft

Schon zu Zeiten der Rheinromantik verstanden es die Bonner, ihre Gäste so zu beherbergen, dass deren Wünsche erfüllt wurden und das Quartier stets zum Geldbeutel der Reisenden passte. Daran hat sich bis heute nichts geändert. Das Angebot reicht von der Jugendherberge bis zum Nobelhotel. Online-Hotelbuchung unter www.bonn-region.de.

Für höchste Ansprüche

■ **Ameron Hotel Königshof**
Innenstadt][Adenauerallee 9
Tel. 2 60 10
www.hotel-koenigshof-bonn.de
Echt gut! Hotel mit langer Tradition als **Grandhotel direkt am Rhein.** ●●●

■ **Derag Hotel Kanzler**
Regierungsviertel
Adenauerallee 148
Tel. 6 84 40][www.deraghotels.de
Hotel mit Juba-Wellness-Tempel. ●●●

■ **Domicil**
Innenstadt][Thomas-Mann-Str. 24–26][Tel. 72 90 90
www.privathotel-domicil.de
Erstes Bonner Designerhotel in fünf historischen Häusern. ●●●

■ **Galerie Design Hotel Bonn**
Auerberg][Kölnstr. 360–364
Tel. 1 84 80
www.galerie-design-hotel.de
Gesamtkunstwerk des Designers Scheich Raschid Al Khalifa mit fünf Sternen; außergewöhnlicher Komfort, Sauna, Dampfbad und Solarium. ●●●

■ **Kameha Grand Hotel**
Oberkassel][Am Bonner Bogen 1
Tel. 43 34 50 00
www.kamehagrand.com
Neues Lifestyle-Hotel direkt am Rhein, im neuen Stadtteil Bonner Bogen. ●●●

■ **Rheinhotel Dreesen**
Bad Godesberg][Rheinstr. 45–49
Tel. 8 20 20
www.rheinhoteldreesen.de
Echt gut! **Rheinromantik-Ikone** mit schönster Aussicht auf das Siebengebirge. ●●●

■ **Collegium Leoninum**
Innenstadt][Noeggerathstr. 34
Tel. 6 29 80][www.leoninum-bonn.de
Stilvolles Wohnen in einem ehemaligen Priesterseminar. Großes Schwimmbad, Sauna, Fitnessbereich. ●●

■ **President Hotel**
Poppelsdorf][Clemens-August-Str. 32–36][Tel. 7 25 00
www.presidenthotel.de
Hotel an der Ausgehmeile von Poppelsdorf. ●●

Echt gut! Die romantischsten Hotels

■ Ritterburg-Romantik finden Sie im **Schlosshotel Kommende** in Beuel-Ramersdorf › S. 27.

■ Ein klassischer Vertreter der Rheinromantik-Architektur ist das **Rheinhotel Dreesen** in Bad Godesberg › S. 26.

■ Einen herrlichen Siebengebirgsblick bieten die Rheinterrassen des **Ameron Hotel Königshof** in der Bonner Innenstadt › S. 26.

■ Ruhige Burgzimmer in der **Burg Heimerzheim** in Swisttal › S. 27.

Romantische Lage am Rheinufer: das exquisite Rheinhotel Dreesen

Günstig gelegen

■ Hotel Consul
Innenstadt][Oxfordstr. 12–16
Tel. 7 29 20][www.consul-bonn.de
Behindertengerechte und Allergiker-Zimmer, Radverleih. ●●●

■ Hotel Villa Esplanade
Innenstadt][Colmantstr. 47
Tel. 98 38 00
www.hotel-villa-esplanade.de
Gründerzeithaus im historischen Musikerviertel. ●●

■ Hotel Aigner
Innenstadt][Dorotheenstr. 12
Tel. 60 40 60][www.hotel-aigner.de
Ruhig gelegenes Haus; Radverleih. ●

■ Hotel Eden
Innenstadt][Am Hofgarten 6
Tel. 28 97 10][www.eden-bonn.de
Gastliches kleines Hotel. ●

■ Hotel Rheinland
Innenstadt][Berliner Freiheit 11
Tel. 9 08 23 90
www.rheinland-hotel.de
Hotel an der Kennedybrücke. ●

Im Grünen

■ Burg Heimerzheim
Swisttal][Kölner Str. 1
Tel. 0 22 54/12 44
www.burg-heimerzheim.de
Malerisch gelegene Wasserburg aus dem 13. Jahrhundert. ●●● Echt gut!

■ Schlosshotel Kommende
Beuel-Ramersdorf
Oberkasseler Str. 10][Tel. 44 07 34
www.schlosshotel-kommende-ramersdorf.de
Prachtvolles Schlosshotel mit 18 stilvoll eingerichteten **Zimmern unter Türmchen** mit Blick auf Bonn. ●● Echt gut!

■ Waldhotel Rheinbach
Rheinbach
Ölmühlenweg 98
Tel. 0 22 26/16 92 20
www.waldhotel-rheinbach.de
Landhotel mit 16 Zimmern und 16 000 m² großem Privatpark. ●●

Für kleines Geld

■ Hotel Garni Kluth
Duisdorf][Rochusstr. 221
Tel. 62 15 31][www.hotel-kluth.de
Kleines, familiäres Hotel in der Duisdorfer Fußgängerzone. ●

■ Hotel Ibis
Innenstadt][Vorgebirgsstr. 33
Tel. 7 26 60][www.ibishotel.com
Praktisch eingerichtete Zimmer, am Wochenende günstige Tarife. ●

Mercure
Hardtberg][Max-Habermann-Str. 2
Tel. 2 59 90][www.mercure.com
Zeitgemäß eingerichtetes Hotel mit Pool, Terrasse, Bar und Restaurant. ●

Jugendherbergen / Hostel

Jugendherberge Bonn-Venusberg
Haager Weg][Tel. 28 99 70
www.bonn.jugendherberge.de
Alle Zimmer mit Dusche/WC. ●

Jugendherberge Bad Honnef
Bad Honnef][Selhofer Str. 106
Tel. 0 22 24/7 13 00
www.bad-honnef.jugendherberge.de
Trägt das Gütesiegel »Qualitätsgastgeber Wanderbares Deutschland«. ●

max Hostel
Altstadt][Maxstr. 7
Tel. 82 34 57 80
www.max-hostel.de
48 Betten, Selbstversorgerküche. ●

Essen und Trinken

»Fooderkaat« heißt in den Kneipen und Brauhäusern Bonns die Speisekarte. Auf dieser »Futterkarte« findet man urtypische Gerichte, wie sie die rheinischen Handwerker und Bauern bevorzugten. Kartoffeln spielen dabei eine große Rolle – als »Rievkooche« (Kartoffelpuffer), »Quallmänner« (Pellkartoffeln), Salzkartoffeln, Bratskartoffeln (wird mit s gesprochen) oder gestampft.

Spitzenrestaurants

Halbedel's Gasthaus
Bad Godesberg][Rheinallee 47
Tel. 35 42 53
In der schönen Jugendstilvilla kommen leichte und fantasievolle Menüs auf den Tisch. Der Weinkeller ist weithin bekannt. Di–So 18–24 Uhr. ●●●

Kaevers Gasthaus zur Traube
Lannersdorf][Lannersdorfer Str. 10
Tel. 34 78 97
Weinhaus und Restaurant in einem alten Gasthaus von 1722. Mo–Sa ab 18 Uhr. ●●●

Oliveto im Hotel Königshof
Innenstadt][Adenauerallee 9
Tel. 2 60 10
»Cucina con amore« ist hier das Motto für die mit viel Liebe zubereiteten Gerichte aus Italien. Tgl. 12–1 Uhr. ●●●

Rohmühle
Oberkassel][Rheinwerkallee 3
Tel. 4 10 07 07
Café, Restaurant, Biergarten und Bar mit mediterraner Küche in der ehemaligen Zementfabrik am Rhein. Tgl. ab 10 Uhr. ●●●

Sassella
Kessenich][Karthäuserplatz 21
Tel. 53 08 15
Gemütlicher Nobelitaliener mit gelungener Mischung aus Pastagerichten und Gourmetküche. Di–Fr 12–14.30, 18–23, Sa ab 18, So 12–14.30 Uhr. ●●–●●●

Le Petit Poisson
Innenstadt][Wilhelmstr. 23a
Tel. 63 38 83
Französisches Gourmetrestaurant, bekannt für seine Fischgerichte. Di–Sa 18–1 Uhr. ●●

Rheinische »Spezialitäten«

Keiner kann die enttäuschten Reisenden zählen, die in freudiger Erwartung eines halben Grillhähnchens einen »Halven Hahn« bestellen und dann ein halbes belegtes Brötchen serviert bekommen. Für den Namen gibt es zwei Erklärungen: Ein Gast bestellte in einem Kölner Brauhaus ein Käsebrötchen, wollte aber nur ein »halves han« (halbes haben). Vielleicht aber bilden die Essgewohnheiten der Brauereizapfer den Hintergrund: Wenn morgens ein frisches Fass angeschlagen wurde, durften die Burschen erst ihr Frühstücksbrötchen essen, wenn das Fass halb leer war. Dieser Füllstand hieß »halber Hahn«. Um Missverständnissen vorzubeugen, hier ein kleines Lexikon typisch rheinischer Spezialitäten:

- **Äädäapele:** Erdäpfel (Kartoffeln)
- **Äapele:** Äpfel
- **Appeltaat:** Apfelkuchen
- **Blootwoosch:** Blutwurst mit Speck- und Zungenwürfeln angereichert
- **Flönz:** Kölner Blutwurst mit feinen Speckwürfeln
- **Hämschen:** gepökeltes Eisbein, serviert mit Sauerkraut
- **Himmel un Ääd:** Apfelmus und Kartoffelpüree, dazu meist Blutwurst
- **Mett:** gut gewürztes, rohes Schweinegehacktes auf Brötchen – meist mit Zwiebelringen
- **Mostert:** Senf
- **Muuze:** süßes Fettgebäck zu Karneval
- **Muuzemändelche:** in Mandelform gebackene Muuze, auch »Nonnenfurz« genannt
- **Öllisch:** Zwiebel
- **Pannekooche:** Pfannkuchen/Eierkuchen
- **Prummetaat:** Pflaumenkuchen
- **Schuss:** Kölsch mit einem Schuss Malzbier
- **Suurbroode:** rheinischer Sauerbraten
- **Weckmann:** süßes Hefebrötchen in Form eines Männchens

Bönnsch im Traditionsbrauhaus

Restaurants

■ **Waldcafé**
Holzlar][Am Rehsprung 35
Tel. 48 20 44
Restaurant und Café mit deutscher Küche, die Speisekarte wechselt mit den Jahreszeiten. Di–So 7–24, Mo ab 15 Uhr. ●●●

■ **Cassius Garten**
Innenstadt][in der Cassius-Bastei Maximilianstr. 28d][Tel. 65 24 29
In diesem vegetarischen Vollwertrestaurant gibt es keine festgelegten Portionen, man zahlt nach Gewicht. Mo bis Sa 11–20, Frühstück ab 8 Uhr. ●●

■ **Zum Treppchen**
Südstadt][Weberstr. 42
Tel. 22 31 83
Uriges Wirtshaus, rheinische Küche. Tgl. 17–1 Uhr. ●●

■ **Vapiano**
Bundesviertel][Ollenhauerstr. 1
Tel. 6 29 06 06
Das schönste Selbstbedienungsrestaurant der Stadt! Geschmackvolle Einrichtung, Terrasse, Kamin. Frisch hergestellte Pastagerichte, Pizzen und Salate. Tgl. 10–1 Uhr (Küche bis 24 Uhr). ●

Internationale Küche

■ **K. u. K. im Weinhäuschen am Rhein**
Mehlem][Fährstr. 26][Tel. 36 27 56
Das beste aus der österreichischen Küche: Tafelspitz, Backhendl, Schnitzel und Kaiserschmarrn. Di–So ab 12 Uhr. ●●●

■ **Karawane**
Oberkassel][Adrianstr. 104 (Eingang Baumstr.)
Tel. 9 44 96 80
Jeden Abend begeben sich Küchenchef und Gäste auf kulinarische Rundreise durch den Orient. Einzigartig in Bonn: der Vorkostteller mit neun nummerierten Vertiefungen, in denen jeweils eine **kleine Kostprobe der Köstlichkeiten aus neun Ländern** angerichtet ist. Erst danach entscheiden Sie, wovon Sie mehr essen wollen. Unbedingt reservieren! Di–So 18–23 Uhr. ●●

Echt gut

■ **Rincon de Espana**
Kessenich][Karthäuserplatz 21
Tel. 23 96 09
Von den Bonnern nur »Der Spanier« genannt. Das Essen ist vorzüglich, besonders empfehlenswert ist das Huhn in Knoblauchsauce. Di–Fr 17–1, Sa, So 12–1 Uhr. ●●

■ **Sirtaki**
Endenich][Wittelsbacher Ring 27
Tel. 65 76 12
Wenn Bonner griechisch essen gehen, dann ist dieses familiäre Restaurant erste Wahl. So–Fr 12–15, 18–1, Sa 18–1 Uhr. ●●

■ **Tuscolo Münsterblick**
Innenstadt][Gerhard-von-Are-Str. 8
Tel. 42 97 66 05

Der Familienbetrieb bietet über 100 verschiedene Pizzen an, dazu köstliche Salate sowie Nudel-, Fleisch- und Fischgerichte nach echt italienischen Rezepten. Tgl. 11.30–23.30 Uhr. ●

Kneipen

■ Bistro & Bar Pendel
Innenstadt][Friedensplatz 12
Tel. 9 76 60 64
Der Bar-Klassiker in Bonn; nach Abbruch des alten Gebäudes nun 100 m weiter. So–Do 10–1, Fr, Sa 10–3 Uhr.

■ Bellini
Innenstadt][Rathausgasse 38
Tel. 65 29 50
In-Treff von Journalisten und Politikern. Italienisch essen bis tief in die Nacht. So–Do 18–3, Fr, Sa 18–5 Uhr

■ Havanna
Poppelsdorf][Clemens-August-Str. 1][Tel. 7 21 88 84
Essen, trinken und feiern in kubanischem Stil! Tgl. 10–1, Fr, Sa bis 2 Uhr.

■ James Joyce
Innenstadt][Mauspfad 6–10
Tel. 3 69 56 71
Irish Pub mit Live-Musik, Guinness, Sandwiches und bestem Irish Stew. So–Do 16–1, Fr 16–3, Sa 14–3 Uhr.

■ Tresor
Innenstadt][Wolfstr. 11
Tel. 9 81 41 86
In der besten Hard-Rock-Kneipe der Stadt wird das gute Mühlenkölsch gezapft und über 40 verschiedene Whiskys stehen zur Auswahl. So–Do 19–1, Fr, Sa 19–5 Uhr.

Biergärten und Brauhäuser

■ Schaumburger Hof
Bad Godesberg
Am Schaumburger Hof 10
Tel. 9 56 35 29
Ein idyllischer Biergarten mit Blick auf den Rhein. Di–So 11–22 Uhr. ●●●

■ Schänzchen
Bonn-Nord][Rosenthal 105
Tel. 9 63 65 29
Uriger Biergarten mit Rheinblick, dazu wird bayerische Hausmannskost serviert. Tgl. 10.30–22 Uhr. ●●

■ Brauhaus Bönnsch
Innenstadt][Sterntorbrücke 4
Tel. 65 06 10
Zum original Bönnsch schmecken am besten Bönnsche Flammkuche. Mo–Do 11–1, Fr, Sa 11–3, So 12–1 Uhr. ●●

Cafés und Bistros

■ Frau Holle
Innenstadt][Breite Straße 54–56
Tel. 65 23 22
Große Auswahl für Kaffeeliebhaber. Matineen, Open-Air-Events. Mo–Sa 8–20 Uhr. ●●●

■ Bon(n)gout
Innenstadt][Remigiusplatz 4
Tel. 65 89 88
Café und Bistro mit Blick auf den Blumenmarkt, üppiger Brunch am So. Mo–Do 9–24, Fr, Sa 9–1, So 10–23 Uhr. ●●

■ Café Rittershaus
Innenstadt][Kaiserstr. 1d
Tel. 22 34 85
Kuchen aus der eigenen Konditorei gibt es im Traditionshaus, in dem sich früher Politiker und Spione trafen. Do–So 10–19 Uhr. ●●

■ Fassbender
Innenstadt][Sternstr. 55
Tel. 72 61 11
Im Café Fassbender werden allerlei süße Leckereien serviert, der Inhaber zählt **zu den besten Patissiers Europas.** Mo–Fr 9.30–19, Sa 9–19, So 12 bis 18 Uhr. ●●

Echt gut!

Shopping

Weinprobe im Grünen

Bonn gilt als Einkaufsstadt der kurzen Wege und tatsächlich befinden sich die wichtigsten Einkaufsstraßen und Passagen innerhalb des City-Rings, zwischen Hauptbahnhof und Oper. In den Straßen und Gässchen rund um den Marktplatz findet man unzählige kleine und größere Geschäfte, die Sternstraße ist dabei die bekannteste Einkaufsmeile Bonns. Zunehmend siedeln sich aber auch in der Friedrichstraße exquisite kleine Läden an.

Bücher

■ **Bouvier Büchermarkt in Bonn**
Innenstadt][Am Hof 32
Tel. 72 90 10
Der bekannteste Buchladen Bonns organisiert regelmäßig Lesungen und hat ein gemütliches Schmökercafé.

■ **Büchergilde Buch & Grafik**
Altstadt][Breite Straße 47
Tel. 63 67 50
Hier darf man bei einer Tasse Kaffee ein Buch anlesen, bevor man es kauft.

■ **Buchladen 46**
Innenstadt][Kaiserstr. 46
Tel. 22 36 08
Handverlesene Literatur fern der Bestsellerlisten.

Delikatessen

■ **Le Provençal**
Innenstadt][Wolfstr. 1
Tel. 63 27 12
www.leprovencal-bonn.de
Seit über 30 Jahren finden sich hier Essig-, Öl- und Senfspezialitäten, Konfitüren, Wein, Geschirr und Olivenholzartikel aus Südfrankreich. Mo geschl.

■ **Flaschengeist Bonn**
Innenstadt][Dreieck 18
Tel. 96 39 78 44
Alles, was der Feinschmecker liebt: Essig, Öl, Senf, Liköre, Pesto, Gewürzmischungen und viel mehr.

■ **Chocolat Weidenbrück**
Innenstadt][Sternstr. 58
Tel. 2 80 92 65
Frisch gerösteter Kaffee und Pralinenpackungen mit Bonn- und Beethoven-Motiven.

■ **Coppeneur Chocolatier**
Innenstadt][Friedrichstraße 56
Tel. 94 49 97 47][www.coppeneur.de
Erlesene Pralinen- und Schokoladenspezialitäten **aus eigener Herstellung.** Im Ausschank: frisch zubereitete Trinkpraliné- [tchocolatl] und Kaffeespezialitäten.

Ech gu

Mitbringsel

■ **Beethoven:** Überall in Bonn, v. a. aber im **Beethoven-Haus** › S. 60, gibt es CDs, Partituren, Büsten und weitere wertvolle bis kitschige Andenken an den berühmtesten Sohn der Stadt.

■ Bönnsch: Im **Brauhaus Bönnsch** › S. 60 schmeckt das Bier vom Fass am besten. Wer ein Andenken mitnehmen möchte, kann dort auch die einzigartigen Bönnsch-Gläser, den Schwarzkirschbrand Bönnsch Kirsch und Bier in der Bügelflasche kaufen.

■ Haribo: Bonn ist immer noch Hauptstadt – zumindest für Naschkatzen. Die Abkürzung steht für Hans Riegel Bonn, hier werden die Gummibären und Lakritze produziert, darunter das Bonner Gold, Klassiker unter den Lakritzstangen. (Werksverkauf: **Bad Godesberg, Friesdorfer Str. 121, Tel. 9 09 29 30.**)

Galerien

■ Galeria Galeano

Altstadt][Wolfstr. 47][Tel. 23 04 35

Kunstcafé mit Skulpturen und Bildern lokaler Künstler, riesige Rahmen-Auswahl.

■ Galerie Cramer

Südstadt][Poppelsdorfer Allee 58a
Tel. 63 44 65

Bilder und Objekte zeitgenössischer Künstler in einem alten Bürgerhaus.

Wohnen

■ Cubio/Die Wand

Innenstadt][Rheingasse 2
Tel. 1 80 95 25

Geschmackvolle Auswahl an Stoffen, Möbeln, Kissen und Accessoires. Mo–Fr 10.30–18, Sa 10.30–14 Uhr.

■ Lila Laden

Innenstadt][Stockenstr. 6
Tel. 65 07 55

Handverlesener und ausgefallener Raumschmuck – nicht nur in Lila!

Originelles und Spezielles

■ Bonner Comic Laden

Innenstadt
Oxfordstr. 17
Tel. 55 08 20

Beeindruckendes Angebot, zu dem Sammler von weit her anreisen.

■ Puppenkönig

Innenstadt
Gangolfstr. 8–10
Tel. 98 55 50

Das Traditionshaus für Spielwaren.

■ Vollmar

Innenstadt
Sternstr. 64
Tel. 63 79 01

Parfümerie und Lingerie mit barocker Einrichtung aus dem späten 18. Jh.

Märkte

■ Trödelmarkt

Rheinauen: 3. Sa im Monat, April–Okt

■ Wochenmärkte

Innenstadt][vor dem Rathaus: Mo–Fr 8–18.30, Sa 8–16 Uhr
Bad Godesberg][Moltkeplatz: Di, Do, Sa 8–13 Uhr
Beuel][Kirche: Mi, Fr 8–18.30 Uhr
Duisdorf][Schickshof: Di, Fr, Sa 8–13 Uhr

Echt gut!

Die süßesten Versuchungen Bonns

■ Baklawa und Datteleis in der **Karawane** (Oberkassel) › S. 30.

■ Frische Waffeln mit heißen Kirschen im **Löwenburger Hof** (Siebengebirge) › S. 113.

■ [tchocolatl] trinken bei **Coppeneur Chocolatier** › S. 32.

■ Patissier-Kunstwerke bei **Fassbender** (Innenstadt) › S. 31.

Am Abend

In den 1970er- bis 1990er-Jahren galt Bonn als langweilige Diplomatenstadt. Davon kann längst keine Rede mehr sein. Abends und nachts hat die Stadt für jedes Alter, jeden Geschmack und jeden Geldbeutel viel zu bieten.

Bühnen

■ Beethovenhalle

Innenstadt][Wachsbleiche 16
Tel. 7 22 20
www.beethovenhalle.de
Sitz des Beethovenorchesters und Veranstaltungsort der Beethovenfeste.

■ Brückenforum

Beuel][Friedrich-Breuer-Str. 17 (direkt an der Kennedybrücke)
Tel. 40 00 90
www.brueckenforum.de
Hier gehen die Größen von Pop und Rock ein und aus, im Programm: Bälle, Partys, Tanzshows und Comedy.

■ Contra-Kreis-Theater

Innenstadt][Am Hof 3–5
Tel. 63 23 07
www.contra-kreis-theater.de
Die Zuschauer sitzen hier bei Komödien und Comedy fast im Kreis.

■ die bühne in der brotfabrik

Beuel][Kreuzstr. 16][Tel. 42 13 10
www.brotfabrik-theater.de.
Musik, Theater, Workshops und Tanz für Erwachsene und Kinder.

■ Haus der Springmaus

Endenich][Frongasse 8
Tel. 79 80 81
www.springmaus-theater.de
Renommierte Kabarett- und Kleinkunstbühne sowie Heimat des Springmaus-Improvisationstheaters.

■ Junges Theater Bonn

Beuel][Hermannstr. 50
Tel. 46 36 72][www.jt-bonn.de
Thetaer für Kinder, Jugendliche und Junggebliebene, mit angegliederter Schauspielschule (› S. 16).

■ Kammerspiele

Bad Godesberg][Am Michaelshof 9
Tel. 77 80 08][www.theater-bonn.de
Inszenierungen klassischer und moderner Dramen.

■ Opernhaus

Innenstadt][Am Boeselagerhof 1
Tel. 77 80 08][www.theater.bonn.de
Klassische und moderne Opern, choreografisches Theater und Konzerte.

■ tik – theater im keller

Duisdorf][Rochusstr. 30 (im Gebäude des Berufskollegs)
Tel. 61 65 11][www.tik-bonn.de
Etabliertes Zimmertheater mit Kleinkunst, Kabarett, Kinder- und experimentellem Theater.

Kartenvorverkauf

Kartenvorverkauf jeweils an den Spielstätten und über **Bonnticket,** Ticket-Hotline 02 28/50 20 10, www.bonnticket.de.

Bars und Discos

■ Bla

Innenstadt][Bornheimer Str. 20–22
Tel. 63 93 89][www.bla-bonn.de
Gemütliche Bar mit Live-Veranstaltungen. Gemischtes Publikum um die 30. So–Do 15–3, Fr, Sa 15–5 Uhr.

■ Carpe Noctem
Innenstadt][Wesselstr. 5
Tel. 65 79 71
www.carpe-noctem-bonn.de
Fester Bestandteil des Bonner Nachtlebens. So um 6 Uhr After Hour »Mornin' Sounds«. Mo–Di, Do–Sa 22–4 Uhr.

■ Nachtrauschen
Innenstadt][Belderberg 15
Tel. 3 36 86 05
Die seit Jahrzehnten beliebte Studentendisco hieß früher »Die Falle«: Man ging »aus der Falle in die Falle«. Di ab 22, Fr, Sa ab 22:30, So ab 6 Uhr.

■ Jazz Galerie
Innenstadt][Oxfordstr. 24
Tel. 63 93 24
www.jazzgalerie-bonn.de
Tanzschuppen mit Dance, 80er-Sound, Charts, Body & Soul. Weniger Jazz, als der Name verheißt. Do–Sa.

■ Klangstation
Bad Godesberg][Moltkestr. 43
Tel. 9 76 61 71
www.klangstation.de
Beliebter Treff für Partygänger, die handgemachte Musik von Jazz bis Heavy Metal bevorzugen.

■ N8schicht
Innenstadt][Bornheimer Str. 20–22
Tel. 9 63 83 08][www.n8schicht.de
18- bis 30-Jährige tanzen hier zu Disco- oder Rockmusik, Charts und Gothic. Mi–So 22–5 Uhr.

■ Tiefenrausch 3000
Innenstadt
Bertha-von-Suttner-Platz 12
www.tiefenrausch.tv
Der Spezialist für House-Partys. Fr, Sa 23–5 Uhr.

Kinos

■ Kinemathek
Beuel][Kreuzstr. 16

Die Beethovenhalle am Rheinufer

Tel. 46 97 21
www.bonnerkinemathek.de
Das Kino in der Brotfabrik › S. 99 stellt für sein großes Stammpublikum ein anspruchsvolles Programm zusammen. Im Sommer Open-Air-Filmnächte auf dem Museumsplatz.

■ Neue Filmbühne
Beuel][Friedrich-Breuer-Str. 68–70
Tel. 46 97 90
www.rex-filmbuehne.de
Kulturell orientiertes Programmkino mit Schwerpunkt bei deutschen und europäischen Produktionen.

■ Rex-Lichtspieltheater
Endenich][Frongasse 9
Tel. 62 23 30
www.rex-filmbuehne.de
Programmkino für den europäischen Film, sehr an Bildungsarbeit durch Kino interessiert.

■ Woki
Innenstadt
Bertha-von-Suttner-Platz 1–7
Tel. 9 76 82 00][www.woki.de
Großes Kino für kleines Geld, der Filmpalast wirbt mit der größten Leinwand in Bonn. Filmpalast und Atelier sind mit Loveseats ausgestattet, auf denen Pärchen ohne störende Armlehne sitzen können.

Land & Leute

Steckbrief][Geschichte im Überblick][Natur und Umwelt][Die Menschen][Brauchtum][Kunst und Kultur][Feste und Veranstaltungen

Steckbrief
Bonn

Lage: Im Süden Nordrhein-Westfalens, N 50° 43′ 14″, O 7° 7′ 4″ (Bundeskanzlerplatz)
Fläche: 141,2 km², davon bebaut 46,8 km², Waldgebiete 39,5 km²
Ausdehnung: Nord-Süd 15 km, West-Ost 12,5 km
Höchster Punkt mit 194,8 m NN beim Pfaffelsberg in Beuel
Tiefster Punkt mit 45,6 m NN an der Landzunge Kemper Wert nahe der Siegmündung
Höchste Bauwerke: Funkmast auf dem Venusberg 180 m, Post-Tower 162,5 m, UN-Campus (ehemaliger »Langer Eugen«) 117 m, Turm der Münsterbasilika 86,6 m, Stadthaus 72,1 m
Einwohner: ca. 317 500
Bevölkerungsdichte: 2249 Einwohner je km²

Bevölkerung

In Bonn ist längst Fakt, worüber anderswo noch heftig debattiert wird: die multikulturelle Gesellschaft. Von den etwa 317 500 Einwohnern sind rund 76 500 keine gebürtigen Deutschen. 41 000 Ausländer aus 172 Staaten der Erde sind in Bonn gemeldet, hinzu kommen über 35 000 Menschen, die die deutsche Staatsangehörigkeit erworben haben. Dieser hohe Ausländeranteil wird auch nach dem Umzug vieler Botschaften nach Berlin anhalten, da nun die UN-Verwaltung Beschäftigte aus der ganzen Welt und deren Angehörige nach Bonn lockt. Wegen der hohen Zuwanderungszahlen sind »nur« 39,4 % der Bonner katholisch – auch wenn die Stadt zum Erzbistum Köln gehört, in dem die Bevölkerung mehrheitlich katholisch ist; 22,1 % sind evangelisch, 9,1 % muslimisch und der Rest gehört einer anderen oder keiner Religion an.

Die meisten ausländischen Mitbürger kommen aus der Türkei (14,8 %), gefolgt von Bürgern der ehemaligen UdSSR (8,8 %), Italien (4,7 %), Polen (4,5 %) und Marokko (4,1 %).

Die etwa 157 000 erwerbstätigen Bonner Einwohner sind zu 74,2 % im öffentlichen Dienst oder privaten Dienstleistungssektor beschäftigt. Knapp 200 000 Arbeitsplätze inkl. Minijobs bietet die Stadt; von den dort Beschäftigten lebt weniger als die Hälfte im Bonner Stadtgebiet.

Stadtrat und Verwaltung

Im Bonner Stadtrat mit 80 Sitzen sind derzeit acht Parteien vertreten: die CDU mit 27, die SPD mit 19, Bündnis 90/Die Grünen mit 15, die FDP mit 10, der BBB (Bürger Bund Bonn) und Die Linke mit je 3, das BIG (Bündnis für Innovation und Gerechtigkeit) mit 2 Sitzen sowie Pro NRW mit 1 Sitz. Am 30.8.2009 wurde Jürgen Nimptsch, SPD, für sechs Jahre zum Oberbürgermeister der Stadt gewählt, die zum Regierungsbezirk Köln gehört. Das Stadtgebiet umfasst die vier Stadtbezirke Bonn, Hardtberg, Bad Godesberg und Beuel, diese sind in weitere 51 Ortsteile gegliedert. Im städtischen Haushalt standen 2011 1 Mrd. €, davon 196 Mio. € für Investitionen zur Verfügung.

Bonn pflegt zahlreiche Städtepartnerschaften und -freundschaften – darunter mit Potsdam, Tel Aviv (Israel), Oxford und Windsor-Maidenhead (Großbritannien), Budafok, ein Stadtbezirk Budapests (Ungarn), Frascati (Italien), Kortijk (Belgien) und Yalova (Türkei) sowie zu St. Cloud, Mirecourt und Villemomble (Frankreich).

Ministerien & Internationale Organisationen

Mit ihrem 1. Sitz sind die Bundesministerien für Verteidigung, Gesundheit, Bildung & Forschung, Verbraucherschutz, Ernährung & Landwirtschaft, Umwelt, Naturschutz & Reaktorsicherheit sowie wirtschaftliche Zusammenarbeit & Entwicklung nach wie vor in Bonn ansässig – außerdem 18 UN-Organisationen, über 150 staatliche und nichtstaatliche Einrichtungen der internationalen und entwicklungspolitischen Zusammenarbeit.

Wirtschaft, Bildung und Forschung

Als der Deutsche Bundestag 1991 beschloss, Berlin zum künftigen Regierungs- und Parlamentssitz zu machen, bangte man am Rhein um die wirtschaftliche Stabilität der Region. Aber es geht der ehemaligen Bundeshauptstadt heute wirtschaftlich vergleichsweise gut: Bonn hat eine der niedrigsten Arbeitslosenquoten Nordrhein-Westfalens (5,9 %) – und mehr Einwohner als 1991. Zentrum von Wissenschaft und Forschung ist die Rheinische Friedrich-Wilhelms-Universität, die einen exzellenten internationalen Ruf genießt. Bonn bildet zusammen mit Aachen und Köln die Eckpunkte der ABC-Region, die als dichteste Forschungsregion Europas gilt, und ist Sitz des Forschungszentrums CAESAR (Center of Advanced European Studies and Research), in dem interdisziplinäre Spitzenforschung betrieben wird.

Geschichte im Überblick

12 000 v. Chr. In Oberkassel wird ein Menschenpaar samt Hund in einem Doppelgrab bestattet.
4080 v. Chr. Erste nachweisbare befestigte Siedlung auf dem Venusberg.
30 v. Chr. Die Ubier bauen eine Siedlung an einer Rheinfurt.
12. v. Chr. Die Errichtung eines römischen Lagers am Rhein gilt als Geburtsstunde der Stadt Bonn.
37 n. Chr. Gründung des Legionslagers Castra Bonnensia.
450 Bonn gehört zum Frankenreich.
804 Die Siedlung Villa Basilica wird urkundlich erwähnt.
1210 Erzbischof Dietrich von Hengebach befiehlt den Bau der Godesburg.
1244 Erzbischof Konrad von Hochstaden lässt eine Stadtmauer errichten und verleiht die Stadtfreiheit.
1288 Schlacht bei Worringen, danach nahmen viele Kölner Kurfürsten Bonn, später auch Brühl und Poppelsdorf als Wohnsitz.
1583 Nach drei gescheiterten Reformationsversuchen in Bonn beginnt der Truchsessische Krieg.
1597 Bonn wird offizielle Residenzstadt.
1689 Bei der Belagerung durch Reichstruppen unter Kurfürst Friedrich III. von Brandenburg wird die Stadt zerstört.
1715 Die Festung Bonn wird geschleift. Die Kurfürsten Joseph Clemens und Clemens August bauen Bonn zur barocken Residenzstadt aus.
1770 Ludwig van Beethoven wird in Bonn geboren.
1786 Die erste Bonner Universität wird gegründet.
1794–1814 Französische Truppen besetzen Bonn.
1815 Auf dem Wiener Kongress wird das Rheinland Preußen zugesprochen.
1818 Die Rheinische Friedrich-Wilhelms-Universität zu Bonn wird gegründet. Ihre Professoren sind an der demokratischen Revolution 1848/49 beteiligt.
1844 Erste Eisenbahn in Bonn.
1856 Robert Schumann stirbt in Endenich.
1898 Bonn und Beuel erhalten eine feste Rheinbrücke.
1918–1926 Nach dem Ersten Weltkrieg besetzen zunächst Engländer, dann Franzosen die Stadt.
1926 Godesberg darf sich Bad nennen, erhält 1935 Stadtrechte.
1938 In der Reichspogromnacht brennen die Synagogen in Bad Godesberg, Beuel, Bonn, Mehlem und Poppelsdorf.
1944/45 Bonn und Beuel werden zu 30 % durch Bombenangriffe zerstört.
1949 Bonn wird vorläufige Bundeshauptstadt.
1969 Elf Städte und Gemeinden bilden die neue Stadt Bonn.
1979 Bundesgartenschau in Bonn.

1990 Berlin wird Hauptstadt.
1994 Das Berlin-Bonn-Gesetz sichert Bonn einen Ausgleich für den Strukturwandel zu.
1996 Bonn wird UNO-Stadt.
2000 Baubeginn der Zentrale der Deutschen Post World Net mit dem Post-Tower.
2006 Der UN-Campus wird eröffnet und ist seither Ort für viele internationale Kongresse.
2012 Mit Abschluss der Erweiterungsarbeiten 2013 wird das World Conference Center Bonn (WCCB) das größte Kongresszentrum Deutschlands sein.

Natur und Umwelt

Wälder, Wiesen und Felder – rund zwei Drittel des Bonner Stadtgebietes sind unbebaute Fläche. Und auch die Bonner Innenstadt ist bemerkenswert grün. In den Parks liegen im Sommer die Studenten; die Rheinpromenaden und natürlich die Rheinauen bieten Naherholung ohne lange Anreise. Doch die Rheinlage hat auch ihre Schattenseiten. »Ejmohl im Johr kütt dä Rhing us em Bett, nämlich dann, wenn hä Huuwasser hätt!«, beginnt eines der bekanntesten Karnevalslieder. Wie die meisten Rheinanrainer, nehmen die Bonner das regelmäßige Rheinhochwasser zwar gelassen hin, dennoch: Bei einem Pegelstand von 8,50 m sind die Häuser in Beuel nur noch per Boot erreichbar und wenn die Hochwassermarke 10 m erreicht hat, wie zuletzt im Januar 1995, wird die Lage für viele Bewohner ernst.

Nur einen Katzensprung von Bonn entfernt beginnt das sagenumwobene vulkanische Siebengebirge, das sich vom Bonner Stadtgebiet über Königswinter bis Bad Honnef erstreckt und bereits 1923 zum Naturpark erklärt wurde. Hier sind etwa 80 Pflanzen- und Tierarten nachgewiesen, die auf der Roten Liste des Artenschutzes stehen. Der Naturpark Rheinland zieht sich westlich des Rheins bis hinauf nach Köln und umfasst mehr als 1000 km² Wälder, Felder, Flüsse und Seen. Wo früher Braunkohlebagger standen, bieten sich nun neue Lebensräume für Tiere und Pflanzen.

Der japanische Garten in den Rheinauen

Die Menschen

Als echte Rheinländer sind die Bonner sehr offenherzig und liebenswert. Hier wird viel früher das »Du« angeboten und bei der Begrüßung umarmt, als man es aus vielen anderen Regionen Deutschlands kennt. Die Bonner sind interessante Gesprächspartner, die in verschiedensten Themengebieten bewandert sind. Schließlich kann man sich in einer Stadt mit UN- und Wissenschaftsstandorten, mit zahlreichen Berühmtheiten, so hochkarätigen Museen und Bühnen und mit so viel Geschichte kaum dagegen wehren, Kenntnisse über Geschichte, Kunst und Politik zu erlangen.

Das Rheinische Grundgesetz

Gemeint sind damit nicht etwa juristische Paragraphen, sondern die Grundsätze rheinischer Lebensart. Wer zumindest ein paar davon beherzigt, wird sich garantiert wohlfühlen im Rheinischen!

Art. 1: **Et is, wie et is.** Es ist, wie es ist.
Art. 2: **Et kütt, wie et kütt.** Es kommt, wie es kommt.
Art. 3: **Wat fott is, is fott.** Was weg ist, ist weg.
Art. 4: **Vun nix kütt nix**. Von nichts kommt nichts.
Art. 5: **Et hätt noch immer jot jejange.**
Es ist noch immer gut gegangen.
Art. 6: **Wat wellste maache?** Was will man da tun?
Art. 7: **Do laachste dich kapott.** Da lachst du dich kaputt.

UNO-Stadt Bonn

Seit 1996 ist Bonn UNO-Standort: Bislang sind hier 18 Organisationen der Vereinten Nationen ansässig, zumeist mit Arbeitsschwerpunkten im Umweltschutz. Schätzungen zufolge sollen zukünftig bis zu 1000 UNO-Mitarbeiter in Bonn beschäftigt werden. Seit dem Umbau des ehemaligen Abgeordnetenhauses »Langer Eugen« können hier zahlreiche Mitarbeiter der Vereinten Nationen zusammen arbeiten; nach dem Ausbau des ehemaligen Fraktionsbaus »Altes Hochhaus« wird auch das UN-Klimasekretariat dort einziehen. Diese Gebäude bilden den UN-Campus (› S. 81), der die Stadt als Standort für weitere internationale und Nichtregierungsorganisationen sowie für Kongresse attraktiv macht. Auch das im früheren Plenarbereich des Bundestags entstandene Kongresszentrum wird gerne für Großveranstaltungen der UNO genutzt. Mit Fertigstellung des World Conference Center Bonn (› S. 87) wird Bonn eine der ersten Adressen in Fragen nach einer tragfähigen Entwicklung von Natur und Menschen sein.

Art. 8: **Man muss och jönne könne**. Man muss auch gönnen können.
Art. 9: **Drenk doch eene met!** Trink doch einen mit!
Art. 10: **Kenne mer nit, bruche mer nit, fott domet!** Kennen wir nicht, brauchen wir nicht, weg damit!
Art. 11: **Wat sull dä Quatsch?** Was soll der Unsinn?
Letzteres ist eine Art Universalfrage des Rheinländers. Sie wird gern gestellt – oder auch ersetzt durch »Su ene Quatsch!« (So ein Unsinn!) als Feststellung und »Mach keene Quatsch!« (Mach keinen Unsinn!) als besorgter Ausruf. Das Wort »Quatsch« ist eines der Lieblingswörter der Rheinländer. Es spricht sich so lustig und kann je nach Zusammenhang fast alles bedeuten.

Brauchtum

Der rheinische Frohsinn ist legendär! Daher werden auch in Bonn Traditionen gepflegt und die Feste gefeiert, wie sie fallen – UNO-Stadt hin oder her. Gäste und Besucher sind dabei jederzeit willkommen.

Karneval

Die sogenannte fünfte Jahreszeit beginnt am 11.11. um 11.11 Uhr und dauert bis zum Aschermittwoch. Zunächst eher versteckt beim Sitzungskarneval, gibt es ab Weiberfastnacht (Donnerstag vor Karneval) kein Halten mehr: An diesem Tag stürmen die Waschweiber das Beueler Rathaus und dann regiert die Wäscherprinzessin die Stadt. Das öffentliche Leben ruht und in den Büros wird gefeiert! An den folgenden Tagen darf man in allen Stadtteilen die Karnevalszüge mit kunstvoll gestalteten Wagen und liebevoll genähten Kostümen bewundern. Wer am Straßenrand steht, unterstreicht den Ruf »Alaaf« mit dem lässigen Hochwerfen eines Armes und wird mit »Kamelle« (Süßigkeiten), »Bützche« (Karnevals-

Der Nubbel ist schuld!

Am Veilchendienstag, dem Tag vor Aschermittwoch, wird in vielen Orten der Region der Nubbel verbrannt: Eine lebensgroße Puppe aus Stroh und alten Kleidern muss am letzten Tag des Karnevals alle Sünden auf sich nehmen, die die Jecken an den tollen Tagen begangen haben. Ob jemand sein ganzes Geld versoffen oder der Liebsten untreu geworden ist – schuld »wor der Nubbel!« Kurz vor Mitternacht wird er unter Jammern und Wehklagen verbrannt. Ist der Nubbel »dahin«, sind auch die Sünderlein reingewaschen, die am nächsten Tag, dem Aschermittwoch, ohne Gewissensnot in die Fastenzeit starten können.

kuss) oder »Strüssche« (Blumensträußchen) belohnt. Das Alte Rathaus in Bonn wird am Karnevalssonntag von den Stadtsoldaten in historischen Uniformen erobert. Am nächsten Tag zieht der Rosenmontagszug durch die Bonner City, am Veilchendienstag lässt man die tollen Tage gemütlich in einer Kneipe ausklingen.

Ein Maibaum für die Liebste

In der Nacht zum 1. Mai setzen die rheinischen Männer ihren Angebeteten als Zeichen ihrer Liebe einen Maibaum: eine junge Birke, die mit bunten Kreppbändern geschmückt ist. Sie wird an der Hausfassade befestigt, ganz Mutige wagen sich aufs Dach hinauf.

Kleines Bönnsch-ABC

Der in Bonn gesprochene rheinische Dialekt mit seinem charakteristischen »Singsang« ist mit dem Kölschen eng verwandt. Nachdem er eine Weile fast verpönt war, ist der Dialekt längst wieder »hoffähig« geworden. Kostprobe gefällig? Dann sollten Sie sich Karten für Konrad Beikircher besorgen. Der Kabarettist ist zwar in Südtirol geboren, doch längst ist Bonn seine Wahlheimat, Bönnsch seine Sprache geworden. Und das hört sich ungefähr so an:
Die Begrüßung in Bonn verläuft nach einem festen Schema. Zunächst wird die Tageszeit genannt, bei mehreren Personen stets gefolgt von »zesamme«:

- Guten Morgen! **Morje zesamme!**
- Guten Tag! **Daach zesamme!**
- Guten Abend! **N'Ovend zesamme!**

Danach fragt man sein Gegenüber nach dem werten Befinden. Kennt man die Familie, wird sie nun im Einzelnen abgecheckt:

- Wie geht's? **Wie isset?**
- Und die Gemahlin? **Un de Frau?**
- Und die Kinder? **Un de Pänz?**

Zwingende Abschlussfrage (egal wie tief hinein in die Verästelungen des Stammbaums man gedrungen ist):

- Und ansonsten? **Un sons?**

Der höfliche Bonner antwortet stets ohne Nachdenken

- Gut! **Jot!**

Dann erst steigt man in ein Gespräch ein. Zentrales Vokabular:

- Ja **jo**
- Nein **enä**
- Wie bitte? **Wat es?**
- Wie spricht man das aus? **Wie sät mer dat?**

Beendet wird es mit:

- Auf Wiedersehen! **Tschö!**
- Gute Nacht! **Naach zesamme!**

Sankt Martin

In Erinnerung an den heiligen Martin von Tours, der als Soldat einem frierenden Bettler die Hälfte seines Mantels gab, laufen an seinem Todestag (am 11. November) die Kinder mit selbst gebastelten Laternen durch die Straßen. Der Martinszug führt zu einem großen Martinsfeuer, dort wird die Mantelteilung nachgespielt, bevor Sankt Martin Weckmänner › S. 29 verteilt.

Kunst und Kultur

Römerzeit und Mittelalter

Von der römischen Besiedelung Bonns sind nur noch wenige Spuren auszumachen. Die große Legionsfestung Castra Bonnensia und die angrenzenden Gutshöfe sind vollständig unter Wohnbebauung verschwunden, nur ein Bronzemodell, einige Straßennamen und die Bezeichnung des Ortsteils Bonn-Castell erinnern an die Römer. 2006 wurde bei Ausgrabungen im ehemaligen Regierungsviertel eine römische Zivilsiedlung mit Therme und Tempel entdeckt. Geplant ist, die Therme im neuen Kongresshotel der Öffentlichkeit zu präsentieren.

Der Legende nach sollen in Bonn die thebäischen Legionäre Cassius und Florentius den Märtyrertod gestorben sein. Dort, wo man ihre Gräber vermutete, entstand zunächst eine kleine Kirche, zu Beginn des 9. Jhs. die Siedlung Villa Basilica, schließlich das heutige Münster. Eines der ältesten und architektonisch beeindruckendsten Bauwerke ist die 1151 geweihte Doppelkirche von Schwarzrheindorf. Nur wenig jünger ist die Godesburg, mit deren Bau 1210 begonnen wurde.

Erbe aus der Römerzeit

In kurfürstlicher Zeit

Für Bonn war der Ausgang der Schlacht bei Worringen 1288 ein Segen, denn die Kölner Kurfürsten machten die Stadt in der Folge zur Residenzstadt. Bis heute bestimmen großzügige barocke Residenzschlösser das Bonner Stadtbild. Kurfürst Joseph Clemens ersetzte die alte Poppelsdorfer Wasserburg durch Schloss Clemensruhe und veranlasste den Wiederaufbau der ehemaligen Kurfürstlichen Residenz in der Innenstadt. Seit ihrer Gründung Anfang des 19. Jhs. hat die Universität hier ihren Sitz. Der strenge Bau wurde wenige Jahre später im Süden um den Hofgarten erweitert – sehr zur Freude der Studenten.

1738 ließ Kurfürst Clemens August das Rathaus am Markt mit seiner imposanten Rokokofassade neu bauen, bis heute eines der beliebtesten Fotomotive in Bonn. Kurz darauf erweiterte er die beiden Schlösser und verband sie durch eine Allee, die heutige Poppelsdorfer Allee.

Der berühmte Baumeister Balthasar Neumann (1687–1753) schuf das Treppenhaus in **Schloss Augustusburg (Brühl)** › S. 128, in dem sich zu Hauptstadtzeiten die Staatsgäste und Gastgeber stets zum Gruppenfoto versammelten. Zwischen 1858 und 1860 entstand das spätklassizistische Palais Schaumburg, das zwischen 1949 und 1976 Amtssitz des Bundeskanzlers war. Bis zum Regierungsumzug wurde es für Repräsentationszwecke genutzt, während der oberste Repräsentant des Staates, der Bundespräsident, in der **Villa Hammerschmidt** › S. 87 residierte.

Vom Jugendstil zur Moderne

Nach französischer und preußischer Herrschaft erlebte Bonn in der Gründerzeit um 1900 einen städtebaulichen Boom. Besonders in der Nähe der Schlösser suchten wohlhabende Bürger nach geeigneten Stadthäusern. Die Südstadt mit den von Stadtbaumeister Paul Richard Thomann entworfenen Jugendstilhäusern mit ihren winzigen Vorgärten und schmucken schmiedeeisernen Zäunen zählt bis heute zu den bevorzugten Adressen – nicht nur unter Studenten! In dieser Zeit, genauer 1898, wurde auch die erste Rheinbrücke eingeweiht – die heutige **Kennedybrücke** › S. 92 –, damals die größte Bogenbrücke der Welt.

Blick auf Schürmannbau und Langen Eugen

Als Bonn im Nachkriegsdeutschland zur provisorischen Hauptstadt wurde, spotteten viele über die langweilige Büroarchitektur des Regierungsviertels: Resultat des Dilemmas, dass man nach dem Ende des Dritten Reiches zwar repräsentative Bauten brauchte, aber auf eine unpathetische Architektur setzte. Es entstanden u.a. der **Lange Eugen** › S. 89 und später der neue Plenarsaal, nachdem das Parlament jahrelang im Alten Wasserwerk zusammengekommen war. Auch der **Post-Tower** › S. 89 zählt zu den bedeutendsten Bauten nach 1945. Zu einem Skandal wurde der **Schürmannbau** › S. 88/89 – mit umgerechnet 700 Mio. € einer der teuersten Bauten der deutschen Nachkriegszeit wurde er noch vor seiner Fertigstellung durch Hochwasser schwer beschädigt. Heute hat die Deutsche Welle hier ihren Sitz – die Abgeordneten sind ja längst in Berlin!

Berühmtester Sohn der Stadt: Ludwig van Beethoven

Musik

Besucher aus der ganzen Welt reisen nach Bonn, um auf den Spuren **Ludwig van Beethovens** (1770–1827) zu wandeln. Denn hier erinnert vieles noch an den großen Komponisten und Sohn der Stadt. Das **Beethoven-Haus** › S. 60 ist eines der Wahrzeichen Bonns und beherbergt das Beethovenarchiv und ein Museum mit der größten privaten Beethovensammlung der Welt. Das Orchester der Beethovenhalle ist eine wichtige Säule bei dem mittlerweile jährlich stattfindenden Beethovenfest, das mit rund 60 Konzerten zu den musikalischen Großereignissen in NRW zählt. Beethoven selbst liegt zwar auf dem Wiener Zentralfriedhof begraben, doch seine innig geliebte Mutter Maria Magdalena ist in Bonn auf dem Alten Friedhof beigesetzt.

Im Leben des sächsischen Musikerehepaares **Robert** und **Clara Schumann** (1810–1856 und 1819–1896) nimmt Bonn einen tragischen Part ein. Die Familie wohnte und arbeitete seit 1850 in Düsseldorf, Robert verbrachte nach einem Selbstmordversuch

Auf Beethovens Spuren

Echt gut!

Mit **MP3-Player und Begleitbroschüre** wandert man auf Beethovens Spuren durch Bonn, lauscht den Klängen ausgewählter Musikstücke und erfährt neben Biografischem auch so manche Anekdote aus dem Leben des Komponisten. Dauer: 1 Std., 5,90 €, Personalausweis erforderlich! Infos bei der Bonn Information › S. 15.

1854 seine letzten Lebensjahre in der Nervenheilanstalt Endenich. Clara gab nach seinem Tod die älteren fünf Kinder außer Haus und zog mit den beiden jüngsten nach Baden-Baden. Beerdigt wurde sie wunschgemäß neben Robert auf dem Alten Friedhof in Bonn.

Literatur

Der Dichter, Publizist und Historiker **Ernst Moritz Arndt** (1818–1860) lebte sein Leben lang in Bonn. Er war Rektor an der Bonner Universiät und durch und durch ein Patriot, was sich vor allem in seinen politischen Schriften wie »Germanien und Europa« widerspiegelt. Wegen seiner antifranzösischen und antisemitischen Einstellung ist die literarische Bewertung seines Werkes heute eher umstritten. Geschätzt wird er allerdings für seine religiösen Kirchenlieder und seine Märchen- und Sagensammlungen.

Weniger bekannt ist heute der Bonner Germanist und Poet **Karl Simrock** (1802–1876). Er übertrug zahlreiche Werke der altdeutschen Dichtung ins Neuhochdeutsche und machte damit u. a. das Nibelungenlied, Parzival und die Gedichte Walther von der Vogelweides für seine Zeitgenossen lesbar. Er schrieb Schwänke, Balladen und Lieder und sammelte Sagen und Märchen.

Hauptmotive des in Bonn geborenen Schriftstellers **Wilhelm Schmidtbonn** (1876–1952), der auch als Theaterdramaturg sowie als Kriegsberichterstatter im Ersten Weltkrieg tätig war, sind die rheinische Landschaft und ihre Bewohner. »Rheinische Geschichten«, »Mutter Landstraße« und »Menschen und Städte im Kriege« heißen drei seiner zahlreichen Werke. Heute noch bekannt und im Buchhandel erhältlich ist »Der dreieckige Marktplatz«, darin setzt er mit der Beschreibung einer Männerfreundschaft zur Kaiserzeit seiner Heimatstadt Bonn ein literarisches Denkmal. Sein Grab befindet sich auf dem Alten Friedhof, im Stadtmuseum ist ihm das Schmidtbonn-Zimmer gewidmet.

Die Bonner Journalistin **Ursula Schaake** (1935–1986) schrieb unter dem Pseudonym Alexandra Cordes in den 1970er-Jahren beliebte Romane und Familiensagas. 1986 wurde sie tot in ihrem Haus in der Provence aufgefunden – erschossen von dem Schriftsteller Michael Horbach, ihrem Ehemann.

Herausragende, in Bonn lebende Autoren der Gegenwartsliteratur sind **Gisbert Haefs** (*1950) und **Akif Pirinçci** (*1959). Haefs übersetzt aus dem Englischen, Französischen und Spanischen und schreibt Science Fiction sowie Kriminal- und historische Romane, darunter »Hannibal. Der Roman Karthagos« (1989). Pirinçci wurde international bekannt mit seinem Katzenkrimi »Felidae«. Die in Bonn geborene Juristin **Juli Zeh** (*1974) schreibt vorwiegend sozialkritische Spannungsliteratur. Ihr Debütroman »Adler und Engel« wurde in 28 Sprachen übersetzt.

Bonner Künstler

August Macke (1887–1914) wuchs in Bonn auf. Der Expressionist, der zur Künstlergruppe »Der blaue Reiter« gehörte, malte vorwiegend Menschen und Landschaften. Beeindruckend sind die Aquarelle, die während seiner berühmten Tunesienreise mit Paul Klee entstanden. Einige seiner Ölbilder sind im August-Macke-Haus › S. 69 ausgestellt.

Der in Brühl geborene Maler, Bildhauer, Zeichner und Dichter **Max Ernst** (1891–1976) studierte in Bonn Kunstgeschichte und lernte dort August Macke kennen. Ernst zog es zum Surrealismus und Dadaismus hin und schon bald begann er, mit neuen Gestaltungstechniken zu experimentieren. Sein Werk galt im Dritten Reich als entartete Kunst. Ihm ist ein großes Museum in seiner Geburtstadt gewidmet › S. 129.

Bonn fürs Sofa

In Bonn leb(t)en nicht nur einige namhafte Schriftsteller, die Stadt ist auch Gegenstand zahlreicher Romane. Eine kleine Auswahl von Romanen Bonner Autoren oder mit Bonner Schauplätzen:

- **Alraune** von Hanns Heinz Ewers: Zwei Juristen befruchten eine Hure mit dem Samen eines Mörders. Diese bringt das Mädchen Alraune zur Welt. Sie ist ohne menschliche Seele und Moral; wer sie begehrt, den erwarten Ruin und grausamer Tod. Einer der skurrilsten Bonn-Romane.
- **Das Dampfross** von Reinhard Schmoeckel: Historischer Roman über den Bau der 1844 eingeweihten Eisenbahnstrecke von Köln nach Bonn.
- **Das Gift der Engel** von Oliver Buslau: Der Thriller spielt in der Bad Godesberger Künstlerszene: eine mysteriöse Partitur wird gefunden, ein Arzt mit einer Beethovenbüste erschlagen.
- **Eine kleine Stadt in Deutschland** war 1968 ein international erfolgreicher Spionageroman von John Le Carré: besonders empfehlenswert für Besucher der Dokumentationsstätte Regierungsbunker bei Ahrweiler, um sich in die Zeit des Kalten Kriegs zurückzuversetzen.
- **Februarblut** von Bernd Schumacher: Die Bonner Mordkommission wird 1953 im Karneval nach Rheinbach zu einem ermordeten Journalisten gerufen.
- **Felidae** von Akif Pirinçci: Fabel, in der der pfiffige Kater Francis den Mord an einem Artgenossen aufklärt und dabei auf Serienmorde, religiöse Sekten und menschliche Abgründe stößt. Fortgesetzt wird Felidae in **Francis.**
- **Nur Elefanten vergessen langsamer** von Ralph Kirscht: Die Freundin eines Psychologen wird getötet. Mit viel Lokalkolorit geschriebener Bonn-Krimi. Die Fortsetzung heißt **Versteinerte Engel**.
- **Spieltrieb** von Juli Zeh: Ein unter die Haut gehender Roman über zwei Bonner Schüler, die ein ungeheuerliches Spiel um Sex, Verführung, Macht, Hass und Liebe spielen, bei dem ihr Lehrer zum hilflosen Opfer wird.

Special

Meilenweit Museen

Auf der Museumsmeile

Eng beieinander und eines interessanter als das andere! Wofür man sich auf der Museumsmeile auch entscheidet, falsch ist es nie! Die ***Bundeskunsthalle › S. 83 mit ihren drei markanten Lichttürmen präsentiert spannende Wechselausstellungen, das schon allein architektonisch sehenswerte *Kunstmuseum Bonn › S. 83 bietet Kunst des 20. Jhs., darunter bedeutende Werke von August Macke, und das *Museum Alexander Koenig › S. 86 ist eines der bedeutendsten Naturkundemuseen Deutschlands. Ein besonderes Highlight jedoch ist das ***Haus der Geschichte › S. 84. Hier wird anhand von Originalobjekten die bundesdeutsche Geschichte von der Nachkriegszeit bis heute wieder lebendig: Ob ein echter »Rosinenbomber«, Teile des alten Plenarsaals, ein Kino der 1950er-Jahre, Nierentische, Dokumente von der ersten Mondlandung oder Honeckers Haftbefehl – authentischer geht es kaum.

Kunstpreis START

Im Mittelpunkt des seit 2011 jährlich verliehenen neuen Kunstpreises für deutschsprachige Nachwuchskünstler steht die »beispielhafte Verknüpfung von Architektur und Kunst«, wie sie im Kunstmuseum erlebbar ist.

Arithmeum

Im Forschungsinstitut für diskrete Mathematik widmet sich das Arithmeum der Geschichte des Rechnens und der Zahlen. Am besten beginnt man im Dachgeschoss bei der Frühzeit des Rechnens, schaut sich in den beiden folgenden Etagen die ersten mechanischen Additionsmaschinen aus dem 17. und 18. Jh. an und kommt im Erdgeschoss zu den letzten beiden Jahrhunderten. Gezeigt werden historische Rechenbücher und Rechenbretter, mechanische Rechenmaschinen, erste Computer und weitere Maschinen, von denen viele ausprobiert werden dürfen. Der Bereich der diskreten Mathematik, in dem es um die Verschlüsselung von Botschaften geht, zieht die Besucher in seinen Bann. Hier ist auch die legendäre deutsche Chiffriermaschine Enigma ausgestellt!

Arithmeum
Lennéstr. 2][Tel. 73 87 90
www.arithmeum.uni-bonn.de
Di–So 11–18 Uhr

Das Schumannhaus

Robert Schumann verbrachte die letzten Lebensjahre in Bonn-Endenich in der Heilanstalt des Psychiaters Dr. Richarz. In dem klassizistischen Gebäude von 1790 unterhält die Stadt Bonn ihre Musikbibliothek und zwei Gedenkzimmer. Dort sind Dokumente, Briefe und Bilder von Clara und Robert Schumann im Original anzuschauen. Bei Hauskonzerten werden die Klavierstücke und das Kammermusikwerk Schumanns virtuos präsentiert.

Schumannhaus
Sebastianstr. 182][Tel. 77 36 56
www.schumannhaus-bonn.de
Mo, Mi, Do, Fr 11–13.30 und 15–18 Uhr. Eintritt frei.

Museumsmeilenfest

Seit 1995 jeweils ab Fronleichnam findet das Museumsmeilenfest statt, an dem sich die Häuser der Museumsmeile vier Tage lang auf

besondere Weise präsentieren: Dann gibt es Mitmachaktionen, Spezialführungen, eigene Kinderprogramme und Open-Air-Veranstaltungen. Das nächstes Fest ist vom 7.–10. Juni 2012.

Deutsches Museum Bonn

Im Gespräch mit Wissenschaft und Technik – so lautet das Motto des etwas abseits gelegenen, doch noch zur Meile gehörenden Museums, eine Dependance des Deutschen Museums in München. Rund 100 technische Meisterleistungen werden hier präsentiert: Dazu gehören die bahnbrechenden Entdeckungen von Nobelpreisträgern, die Highlights in Forschung und Technik seit 1945. Wissen Sie z. B., wie ein Airbag oder ein Nierensteinzertrümmerer funktioniert? Vom Computerchip über die Hirnforschung bis zum Transrapid reicht das Spektrum der Ausstellung, die nicht nur Technikfans begeistert.

Deutsches Museum Bonn
Ahrstr. 45][Tel. 30 22 55
www.deutsches-museum-bonn.de
Di–So 10–18 Uhr

Feste und Veranstaltungen

Das ganze Jahr über finden in Bonn hochkarätige Kulturveranstaltungen und fröhliche Feste statt. Hier eine Auswahl:

Festkalender

1. Januar: Neujahrskonzert des Beethovenorchesters im Opernhaus.

Februar/März: Weiberfastnacht in Beuel. **Straßenkarneval** mit Karnevalszügen in allen Ortsteilen von Weiberfastnacht bis Veilchendienstag.

April Bonn-Marathon für über 6000 Läufer, Walker und Rollstuhlfahrer.

April bis Oktober: Rheinauenflohmarkt – einer der größten Flohmärkte Deutschlands (3. Sa im Monat).

Mai/1. Samstag: Rhein in Flammen – bengalische Feuer entlang des Rheinufers, Großfeuerwerk in den Rheinauen.

Mai oder Juni: Museumsmeilenfest › S. 51.

Mai bis August: Brühler Schlosskonzerte: Klassik vom Feinsten.

Juni: Bonner Töpfermarkt mit Kunstwerken und Gebrauchskeramik aus ganz Deutschland und dem benachbarten Ausland (www.keramikerinnung-nordrhein.de).

Juni/1. oder 2. Wochenende: Bonner Biermarathon: Urkomische Stadtrallye der Ehrengarde der Stadt Bonn (www.bonner-biermarathon.de).

Tipps zum Karneval

Kostümiert macht der rheinische Karneval erst richtig Spaß. Vor allem am Zugweg kommen die Zuschauer – Bonner wie Besucher – schnell ins Gespräch miteinander, wenn man auf jemanden mit dem gleichen oder einem besonders originellen Kostüm trifft. Zu einem Karnevalszug nehmen Sie am besten einen leeren Beutel mit, damit auch Sie die zu Hauf aus dem Zug geworfenen Leckereien einsammeln können. Lassen Sie das Auto stehen, Sie müssen sonst beim Fahren sehr auf ausgelassene und angetrunkene Karnevalisten achtgeben und vielerorts gibt es auf den Straßen ohnehin kein Durchkommen. Müssen Sie austreten, sollten Sie wissen, dass die städtischen Ordnungshüter »Wildpinkler« mit Bußgeld belegen.

Männer aufgepasst: Am Weiberfastnachts-Donnerstag ist die Stadt fest in weiblicher Hand. Sollte Ihnen die Krawatte abgeschnitten werden, lohnt es sich nicht, die Polizei zu rufen: Das ist seit Langem Tradition und als Belohnung für die symbolische Entmannung steht Ihnen ja immerhin von der Täterin ein Bützchen (Karnevalsküsschen) zu!

Pützchens Markt: Traditionsreicher Jahrmarkt im September

Juni/2. Samstag: Promenadenfest in Beuel.
Juni/2. Wochenende: Bonn-Triathlon: Hierbei darf ausnahmsweise im Rhein geschwommen werden (www.bonn-triathlon.de).
Juli Pünktlich zum Start der Sommerferien in NRW verwandelt sich der Freizeitpark Rheinaue anlässlich des **Familienspielefests** in einen einzigen großen Spielplatz. **Kultur- und Begegnungsfest** der Stadt Bonn mit fremden Klängen und exotischen Speisen.
Juli/1. Wochenende: R(h)einkultur: Open-Air-Musikfestival in den Rheinauen (www.rhein kultur.com).
Juli/letztes Wochenende: Bierbörse: Über 600 Biersorten und Open-Air-Bühnenprogramm.
1. Augusthälfte: Bonner Sommerkino: internationale Stummfilme mit Musikbegleitung.
September: Internationales Beethovenfest Bonn: Das ist der unbestrittene Höhepunkt der Bonner Konzertsaison. **Schützenfeste** in vielen Ortsteilen. **Winzerfeste** an der Ahr.
September, 2. Wochenende: Pützchens Markt: größter Jahrmarkt der Region.
September, letztes Wochenende: Bonnfest: Jahrmarkt zwischen Markt und Münsterplatz
Oktober, Wochenende vor bzw. nach dem 24.: Tag der Vereinten Nationen mit großem Bürgerfest.
Oktober: Drachenlauf: Halbmarathon im Siebengebirge.
10. November: In mehreren Stadtteilen **Sankt-Martins-Umzüge.**
Ab Ende November/Dezember: Tgl. **Weihnachtsmärkte** in Bonn und Bad Godesberg. Ab Dezember bunte Weihnachtsmärkte in allen Ortsteilen.

Unterwegs in Bonn und Umgebung

Entdecken Sie die einzelnen Stadtviertel Bonns und seine Umgebung – jeweils mit den schönsten Touren, allem Sehens- und Erlebenswerten sowie zahlreichen Tipps

Die Innenstadt

Nicht verpassen!

- Auf der Bühne für Musikvisualisierung ein Beethovenwerk dreidimensional sehen
- Ein kühles Bönnsch aus einem krummen Glas trinken
- Ein Sonnenbad auf der berühmten Hofgartenwiese nehmen
- Über den Alten Friedhof spazieren
- Von der Freitreppe des Alten Rathauses zum Markt hinabwinken
- Den Kreuzgang der Münsterbasilika durchschreiten und die Kühle dort spüren

Karte Seite 58

Zur Orientierung

Die Bonner Innenstadt umfasst die City und die Altstadt, ihre nördliche Grenze wird durch die Oxfordstraße zwischen Stadthaus und dem Bertha-von-Suttner-Platz markiert. Hier finden Sie die wichtigsten Sehenswürdigkeiten Bonns und hier spielt sich ein bedeutender Teil des studentischen Lebens ab. Fragt man kommunalpolitisch korrekt nach der »Inneren Nordstadt«, werden die meisten Bonner ratlos mit den Achseln zucken. Möchte man jedoch in die Altstadt, lautet die Antwort spontan: »hinter dem Stadthaus«. Das Gebiet um Markt, Rathaus und Münster wurde im Krieg stark zerstört. Was lag also näher, als das ehemalige Studenten- und Arbeiterquartier, das sich zu einem gemütlichen Künstler- und Kneipenviertel gemausert hat, nach seinem Wiederaufbau zur neuen Altstadt zu erheben? Zumal man auf die alten Römer verweisen kann, die vor 2000 Jahren hier ihr Lager errichteten.

Touren in der Innenstadt

City-Spaziergang

– 1 – Hbf › **Münsterplatz › ***Beethoven-Haus › Markt › *Altes Rathaus › *Hofgarten › **Münsterbasilika

Dauer: 1 Std.
Praktische Hinweise: Die Wege in der City sind kurz, für einen Spaziergang brauchen Sie eine gute Stunde reine Gehzeit. Aber Vorsicht: Schnell wird ein ganzer Tag daraus!

Der Rundgang beginnt am Hauptportal des Hauptbahnhofs **1**. Das unter Denkmalschutz stehende, 1884 fertiggestellte Empfangsgebäude des Hauptbahnhofs ist durchaus sehenswert. Der in den 1970er-Jahren neu gestaltete und wenig ansprechende Bahnhofsvorplatz jedoch wird verächtlich als »Bonner Loch« bezeichnet.

Beethoven-Denkmal auf dem Münsterplatz

**Münsterplatz 2

Vor der Hauptpost im ehemaligen Fürstenberg'schen Palais befindet sich das älteste Beethoven-Denkmal der Stadt. Der Komponist blickt nach oben, ganz so, als warte er auf Inspiration, um die Noten dann sogleich zu Papier zu bringen. Unten, am Sockel, versinnbildlichen die Reliefs die vier Gattungen seiner Musik: die Kir-

Sportevent vor ungewöhnlicher Kulisse

chenmusik, die Sinfonie, die Oper und die freie Behandlung der Sonatenform, die »Fantasie«. Bei der feierlichen Einweihung des Denkmals am 22.8.1845 kam es zu einer peinlichen Situation: König Friedrich Wilhelm III. von Preußen und Königin Victoria von England hatten bei seiner Einweihung Ehrenplätze auf dem Palaisbalkon. Doch nach seiner Enthüllung drehte Beethoven den hohen Besuchern den Rücken zu …

Bottlerplatz

Gegenüber der »Bonn Information« › S. 15 liegt das **Alte Stadthaus** **3**, 1920 auf Anordnung der französischen Besatzer als Verwaltungsgebäude erbaut. In dem auffälligen Gebäude ist heute u. a. die Stadtbücherei untergebracht.

Das **Sterntor** **4** vermittelt dem Betrachter den Eindruck, als stimme etwas nicht. Und tatsäch-

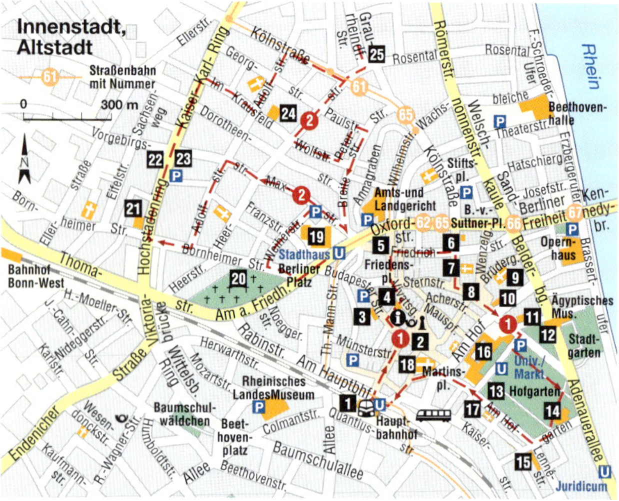

lich: Es stören die Geschäftshäuser unmittelbar hinter dem Tor, eine Durchfahrt ist gar nicht möglich. Das Sterntor stand ursprünglich auch ganz woanders: und zwar am Ende der Sternstraße auf dem Friedensplatz. Die enge Tordurchfahrt behinderte jedoch den Straßenverkehr so stark, dass das Tor 1898 für den Bau der Straßenbahn abgebaut und an den alten Halbturm am Bottlerplatz angefügt wurde. Tor und Turm gehören zu den wenigen Resten der um 1245 geschaffenen Stadtbefestigung. Links vom Springbrunnen vor dem Sterntor steht die Löwensäule, die sich früher auf dem Münsterplatz befand und von den Bonnern liebevoll »steinernes Wölfchen« genannt wird. Ein paar Stufen weiter oben sprudelt frisches Trinkwasser aus einem künstlerisch gestalteten Trinkwasserbrunnen.

– 1 – City-Spaziergang

1. Hauptbahnhof
2. Münsterplatz
3. Altes Stadthaus
4. Sterntor
5. Brauhaus Bönnsch
6. Beethoven-Haus
7. Namen-Jesu-Kirche
8. Markt
9. St. Remigius-kirche
10. Altes Rathaus
11. StadtMuseum Bonn
12. Koblenzer Tor
13. Hofgarten
14. Akademisches Kunstmuseum
15. Arithmeum
16. Universität
17. Kreuzkirche
18. Münster-basilika

– 2 – Bummel durch die Altstadt

19. Stadthaus
20. Alter Friedhof
21. August-Macke-Haus
22. Bonner Kunstverein
23. Künstlerforum
24. Frauen-museum
25. Archäologi-scher Park

Restaurant

Zum Gequetschten
Sternstr. 78
Tel. 63 81 04
Traditionshaus mit deftiger Kost und einer Terrasse mit Blick auf Friedensplatz und Sterntor. Das urige Gasthaus hieß lange »Zum Gequetschten Heiland«: Nach der Fronleichnamsprozession kehrten hier die durstigen Pilger ein und versteckten das Kruzifix hinter der Tür. Irgendwann wurde die Tür zu hastig aufgerissen, das Kruzifix gegen die Wand gedrückt und dem bedauernswerten gekreuzigten Jesus auch noch der Arm abgequetscht. ●●

Bonngasse – Straße der Prominenten

Bevor man über den Friedensplatz und die Friedrichstraße weitergeht in Richtung Bonngasse, lohnt sich ein Abstecher zum

Das steinerne Wölfchen

Die steinerne Skulptur neben dem Sterntor zeigt einen Löwen im Kampf mit einem Eber. Im Altertum galt der Löwe als Symbol für Mut und Stärke, als Wächter über den Thron und die Stadt. Im Mittelalter wurde er auch zum Wächter des Rechts. Und so bildete ein Löwe das Gerichtssymbol der Kurfürsten von Köln und ziert bis heute den unteren Teil des Bonner Wappens. Da der Löwe aber auf den ersten Blick eher wie ein Wolf wirkt, verwundert es kaum, dass die Bonner ihren Löwen liebevoll »steinernes Wölfchen« oder »Bonner Wölfchen« nennen.

Brauhaus Bönnsch 5 › S. 31 in der Sterntorbrücke 4, in dem man auch zünftig essen kann.

Die **Bonngasse,** in der Ludwig van Beethoven das Licht der Welt erblickte, wird auch »Straße der Prominenten« genannt: Für viele Bonner Berühmtheiten wie Robert und Clara Schumann, den Gartenarchitekten Peter Joseph Lenné, Kurfürst Clemens August, Alexander Koenig, Marie Kahle (Widerstandskämpferin im Dritten Reich, die Juden vor der Gestapo schützte), Ernst Moritz Arndt, Willy Brandt und natürlich Ludwig van Beethoven sind Gedenktafeln in den Boden eingelassen.

Restaurant

Weinhaus Jacobs

Friedrichstr. 18][Tel. 63 73 53
Historische Weinstube von 1845 mit 40 Schoppenweinen aus deutschen Anbaugebieten und den dazu passenden Gerichten wie gebackener Camembert oder Pfälzer Saumagen. Tgl. ab 16.30 Uhr ●●

***Beethoven-Haus 6

Ludwig van Beethoven wurde im Hinterhaus des heutigen Museums in der Bonngasse 20 geboren. Sein genaues Geburtsdatum ist nicht bekannt, am 17. Dezember 1770 wurde er getauft. Sein Vater war ehrgeizig, streng und selbst Musiker von Beruf. Als er das Talent seines Sohnes erkannte, versuchte er, Ludwig zu einem Wunderkind wie Wolfgang Amadeus Mozart zu machen. Angeblich soll der längst dem Alkohol verfallene Vater den kleinen Ludwig sogar nachts aus dem Bett geholt haben, damit der Junge Besuchern seine Klavierkünste demonstrierte. Der stets müde und unkonzentrierte Ludwig van Beethoven verließ schon als Elfjähriger die Schule!

Auch der Komponist, Organist, Kapellmeister und Musikwissenschaftler Christian Gottlob Neefe war überzeugt von Ludwigs Talent. Er veröffentlichte schon 1782 ein Werk Beethovens, der sein berühmtester Schüler wurde. Bereits mit 14 Jahren erhielt der junge

1 Frisch gezapftes Bönnsch

Nein, niemand möchte Sie ärgern! Das krumme, gebogene Glas, in dem man Ihnen das frisch gezapfte Bönnsch im Brauhaus serviert, ist kein Scherz des Kellners, sondern eine Tradition des Hauses. Seit 20 Jahren trinkt man hier aus den windschiefen Gläsern das Bonner Lokalbier. Während fast überall in Deutschland untergäriges Bier gebraut wird, handelt es sich beim Bönnsch um ein obergäriges Bier, wie die rheinischen Nachbarn Kölsch und Alt oder wie das bayerische Weizenbier und die Berliner Weiße. Obergärige Hefe benötigt bei der Gärung höhere Raumtemperaturen. Nach der Fermentation schwimmt die Hefe bei obergärigem Bier als Geest auf dem Jungbier, während sie bei untergärigem Bier zu Boden sinkt. Bönnsch ist ungefiltert und stärker gehopft als Kölsch. Na dann Prost!

Beethoven durch Neefes Vermittlung eine feste Anstellung als Hoforganist und spielte in der Bonner Hofkapelle die Bratsche.

Als Joseph Haydn den 17-jährigen Ludwig in der Redoute › S. 106 spielen hörte, soll er ihn überredet haben, zum Musikstudium nach Wien zu kommen. Beethoven unternahm seine erste Reise nach Wien 1787, um von Mozart zu lernen, ein Treffen mit ihm ist aber nicht belegt. Diese Reise brach er ab, als er von der schweren Krankheit seiner geliebten Mutter erfuhr. Nach ihrem Tod kümmerte er sich um seine Brüder und reiste als 22-Jähriger erneut Richtung Wien. Er nahm Unterricht bei Haydn, Schenk, Albrechtsberger und Salieri. Die Besetzung des Rheinlandes durch französische Truppen 1794 machte dem Kurstaat ein Ende, Beethoven verlor dadurch seine Stelle am Bonner Hof und blieb bis zu seinem Tod im Jahr 1827 in Wien.

Schon mit 25 Jahren ließ Beethovens Hörvermögen stark nach, mit 30 Jahren war er vollständig ertaubt. Grund dafür könnte eine nicht bemerkte Mittelohrentzündung gewesen sein, an der der Fünfjährige erkrankt war. Fortan verständigte Beethoven sich mit seinen Freunden und Bediensteten durch Konversationsbücher, in die er deren Fragen und Bemerkungen schreiben ließ. Sie gewähren heute einen einmaligen Einblick in die Gespräche des berühmten Komponisten.

Das Beethoven-Haus wurde bereits 1893 als Gedenkstätte er-

Geburtshaus eines Musikgenies

öffnet und ist seither ein bedeutender Treffpunkt für musikgeschichtlich Interessierte aus aller Welt. Es beherbergt eine der größten und vielfältigsten Beethoven-Sammlungen. Die Dauerausstellung wird ergänzt durch Sonderschauen zu einzelnen Aspekten aus Beethovens Biografie.

Ein besonderes Erlebnis ist ein Besuch auf der **Bühne für Musikvisualisierung:** Die dreidimensionalen Bilder und die faszinierende Klangwiedergabe allein sind schon ein Genuss. Außerdem erhält man die Gelegenheit, während mancher Passagen in die holografische Inszenierung aktiv einzugreifen: An vier verschiedenen Stelen lassen sich die Figuren bewegen.

Im Studio des **digitalen Beethoven-Hauses** können Besucher an vier Doppel- und acht Einzel-Rechnerplätzen in eine einzigartige audiovisuelle Erlebniswelt eintauchen – anhand von Klangbeispielen zu allen Werken, Hörbriefen und virtuellen Ausstellungen. Hochkarätige Konzerte finden regelmäßig im benachbarten **Kammermusiksaal** statt (Tel. 98 17 50, www.beethoven-haus-bonn.de, April–Okt. Mo–Sa 10 bis 18, So, Fei 11–18 Uhr, Nov. bis März Mo–Sa 10–17, So/Fei 11 bis 17 Uhr).

Treffpunkt für Bönnsch-Muttersprachler

Restaurant

Im Stiefel
Bonngasse 30
Tel. 69 65 96
www.gasthausimstiefel.de
Treffpunkt der Karnevalsvereine und Bönnsch-Muttersprachler. Hier fällt es schwer, sich zwischen dem köstlichen Himmel & Ääd und frischen Muscheln zu entscheiden. ●●

Am Markt

Bevor man zum Markt gelangt, lohnt in der Bonngasse 6–8 ein Blick in die **Namen-Jesu-Kirche** **7**, eine Jesuitenkirche, die 1717 von Kurfürst Joseph Clemens eingeweiht wurde. Die barocke, von massigen Türmen flankierte Fassade zählt zu den schönsten des Rheinlands. Genau gegenüber lag das Jesuitengymnasium, das Beethoven besuchte. 1774 nahm im selben Gebäude die Maxsche Akademie ihren Betrieb auf, die 1786 zur ersten Bonner Universität erhoben wurde.

Auf dem Bonner ***Markt** **8** pulsiert das Leben. Täglich außer sonntags stehen hier die Marktstände dicht an dicht. Um 17.30 Uhr beginnt die »Schreistunde«, in der die Händler ihre Waren lautstark und zu erheblich reduzierten Preisen anpreisen. Um 18 Uhr muss der Markt dann abgebaut sein.

Jetzt hat man vielleicht mehr Ruhe, den Brunnen zu betrachten, der dem Kurfürsten Max Friedrich gewidmet ist. Zwar war sein Vorgänger Clemens August dank der prachtvollen Prunkbauten, die er errichten ließ, der bekanntere von beiden. Max Friedrich wurde von den Bonner Bürgern hingegen wegen seiner Sparsamkeit geschätzt. Sie bedankten sich mit diesem Brunnen für seine Regentschaft.

Vom Marktplatz sind es nur wenige Schritte zur »neuen« **St. Remigiuskirche 9** in der Brüdergasse. Diese Bezeichnung ist etwas irreführend. Die alte Remigiuskirche stand nicht weit entfernt; sie wurde im Zuge der Säkularisierung abgerissen, die Gläubigen konnten jedoch die Kanzel und den Taufstein retten: Über ihm wurde Beethoven getauft. Während die Kanzel nun im Münster zu sehen ist, befindet sich der Taufstein in der neuen St. Remigiuskirche, einer ehemaligen Minoriten-Kirche (auch Brüderkirche genannt), die jedoch keineswegs »neu« ist: Vielmehr handelt es sich um die einzige gotische Kirche in Bonn, sie stammt aus dem 13. Jh., nur ihr Name ist neu! Dass die Kirche keinen Turm besitzt, liegt am Armutsgelübde des Ordens, der keine finanziellen Mittel für den Turmbau besaß.

*Altes Rathaus 10

Den Grundstein für das Alte Rathaus legte Kurfürst Clemens August am 24. April 1737 höchstpersönlich. Ob er bereits ahnte, wie viele Kaiser, Könige, Präsidenten und Popstars einmal von der Freitreppe winken würden? Während der Revolution 1848 schwang der Theologe, Schriftsteller und Republikaner Gottfried Kinkel hier die schwarz-rot-goldene Fahne und hielt seine revolutionäre Rede. Der erste Bundespräsident, Theodor Heuss, sprach 1949 am Abend seiner Wahl von der Treppe aus zu den Bonner Bürgern. De Gaulle (1962), John F. Kennedy (1963), Königin Elisabeth II. (1965), Michail Gorbatschow (1989) und Nelson Mandela (1990) wurden auf der Treppe bejubelt. Bei genauer Betrachtung der Rathaustreppe mit ihren vergoldeten Schmuckgittern erkennt man, dass die Ornamente die vier Jahreszeiten symbolisieren.

Markttreiben im Herzen der Stadt

Das hübsche dreistöckige Gebäude mit seiner rosa Rokokofassade wurde 1944 schwer beschädigt. Nach seinem Wiederaufbau war es bis 1978 Sitz der Bonner Stadtverwaltung, inzwischen dient es hauptsächlich repräsentativen Zwecken. Eine Besichtigung der Innenräume nur im Rahmen einer Führung möglich (Mai–Okt., 1. Sa im Monat, 12–16 Uhr).

Restaurant

Em Höttche
Markt 4
Tel. 69 00 09
www.em-hoettche.de
Historisches Gasthaus von 1389, in dem der junge Beethoven regelmäßig zu Gast war. Eine Besonderheit ist die sogenannte Kölner Decke, bei der die tragenden Balken mit Stuck verkleidet sind. Nur hier gibt es »Höttche's Kirschbrand« aus der Bonner Schattenmorelle. Tgl. 11–1 Uhr. ●●

StadtMuseum Bonn 11

Wer sich eingehender mit der 2000-jährigen Bonner Stadtgeschichte beschäftigen möchte, sollte das StadtMuseum in der Franziskanerstr. 9 besuchen. Der Schwerpunkt der Dauerausstellung ist das 18./19. Jh. Aus dieser Zeit erreichten das Museum zahlreiche Schenkungen Bonner Bürger. In vier Sonderräumen werden die Themen Bonner Firmen, Musik, Literatur und Stadtentwicklung behandelt (Tel. 77 20 94, www.bonn.de/Stadtmuseum).

Im gleichen Haus im 1. Stock ist die **Gedenkstätte für die Bonner Opfer des Nationalsozialismus** untergebracht – mit einer Dauerausstellung zum Thema Verfolgung und Gewalt, in der besonders die dargestellten Einzelschicksale von Bonnern, die verfolgt, inhaftiert oder ermordet wurden, sehr nachdenklich stimmen (Tel. 69 52 40, Mo 9.30–14, Do–Sa 13–18, So 11.30–17 Uhr, Juli/Aug. Sommerpause).

Im Uni-Viertel

Vom Stadtmuseum sind es nur ein paar Schritte bis zum **Koblenzer Tor** 12, Teil des Kurfürstlichen Schlosses und einst Versammlungsstätte des Ritterordens vom Heiligen Michael. Die vergoldete Figur des Erzengels, die die Fassade schmückt, ist eine Kopie. Das

Vom Lustgarten der Kurfürsten zum Uni-Campus der Studenten

Original aus dem Jahr 1755 befindet sich in der Universität am Hörsaal VIII. Auf dem Dach erkennt man auch die Personifizierungen der vier Tugenden des Michaels-Ordens: Frömmigkeit, Ausdauer, Stärke und Treue.

Die Räume über dem Koblenzer Tor gehören zum **Ägyptischen Museum** › S. 91, das man von der Rheinseite aus betritt.

2 *Hofgarten 13

Der Hofgarten am Kurfürstlichen Schloss war ursprünglich ein Lustgarten für Kurfürst Clemens August (ab 1723). Im Ersten Weltkrieg trieb man die Kühe der Stadt hierher, die Hofgartenwiese bot sich als Futterweide geradezu an. Heute ist der Hofgarten ein beliebtes Naherholungsgebiet für die Studenten, zumal er – anders als der Name vermuten lässt – kein Garten, sondern lediglich eine riesige Wiese ist, die immer wieder zum Schauplatz studentischer Kundgebungen und Feiern wird. Beim legendären »Sternmarsch auf Bonn« am 11. Mai 1968 demonstrierten hier Tausende gegen die Notstandsgesetzgebung, in den 1980er-Jahren war der Hofgarten Kundgebungsort zahlreicher Demonstrationen der Friedensbewegung, allein bei der Versammlung gegen den NATO-Doppelbeschluss im Oktober 1983 bevölkerten Hunderttausende die große Wiese. So kommt es, dass der Bonner Hofgarten berühmter wurde als das Kurfürstliche Schloss.

*Akademisches Kunstmuseum 14

Im Gebäude des Akademischen Kunstmuseums, nach den Plänen Karl Friedrich Schinkels erbaut, war früher das Anatomische Institut der Universität untergebracht. So erklärt sich auch die große Lichtkuppel, die das Sezieren bei Tageslicht ermöglichte. Seit 1884 ist es Sitz des **Archäologischen Instituts.**

Heute beherbergt der Bau am Hofgarten zwei faszinierende **Sammlungen antiker Kunst.** In der weltweit größten **Abgusssammlung** geben 300 in chronologischer Reihenfolge aufgestellte Kopien griechischer Statuen ein plastisches Bild der Entwicklung früher Großplastiken.

Karl Marx im Karzer

Der Begründer des Marxismus führte 1835/36 in Bonn ein ausgelassenes Studentenleben. So ist es nicht weiter verwunderlich, dass er wegen Trunkenheit und ruhestörenden Lärms eine Nacht im Karzer, dem Studentengefängnis im Dachgeschoss des Koblenzer Tors, verbringen musste. Bis zum Ende des 19. Jhs. gab es nämlich ein System der akademischen Gerichtsbarkeit, wonach ein eigens eingesetzter Universitätsrichter den Verweis, die Geldstrafe, die Entfernung von der Hochschule und eben die Haftstrafe im Karzer als »Korrigierstrafen« für Ordnungswidrigkeiten der Studenten aussprechen konnte.

Die **Originalsammlung** zeigt Tongefäße, Bronzeplastiken und Kunstwerke aus Marmor und Terrakotta (Tel. 73 77 38, Di–Fr 15–17, So 11–18 Uhr).

Nicht weit entfernt liegt eines der ungewöhnlichsten Museen Deutschlands: das sogenannte **Arithmeum** 15, das sich mit der Geschichte des Rechnens und der Zahlen sowie mit diskreter Mathematik befasst (› S. 50).

*Rheinische Friedrich-Wilhelms-Universität 16

Das Hauptgebäude der 1818 von König Friedrich Wilhelm III. gegründeten Universität war früher Residenzschloss der Kölner Kurfürsten und Treffpunkt der Hofgesellschaft. Im oberen Stockwerk befand sich einst ein großer Saal, in dem Dramen und Opern aufgeführt und glanzvolle Bälle gefeiert wurden.

Über dem Mittelportal blickt »Regina Pacis«, die Gottesmutter als Königin des Friedens, in den Hofgarten. Manch ein Bonner sagt ihr Wunderkraft nach: Als das Schloss 1777 lichterloh brannte, überstand die Statue die Flammen nahezu unbeschadet. Im Dritten Reich wollten die Nazis die Figur herunterziehen, doch die Seile rissen. Auch im Bombenhagel 1944/45 nahm sie keinen Schaden.

Antike im Akademischen Kunstmuseum

Am Kaiserplatz

Die **Kreuzkirche** 17 am Kaiserplatz ist die größte evangelische Kirche in Bonn, sie wurde 1871 in Dienst genommen und wird gerne auch »Evangelische Botschaft« genannt. Das Relief über dem Hauptportal zeigt Christus auf dem himmlischen Thron, zu dem die Mühseligen und Beladenen emporsteigen. Der Innenraum besticht durch schlichte Schönheit. Die Plastik im Vierungsgewölbe zeigt einen Pelikan, der seine Jungen mit Blut füttert: als Symbol für Christus, der sich für die Menschheit opferte. Die Kreuzkirche wird auch von Freunden der Kirchen- und Kammermusik sehr geschätzt (www.kreuzkirche-bonn.de, Di–Sa 9–17, So 9–14.30 Uhr).

Auf dem Kaiserplatz bietet sich an den Springbrunnen ein schöner Blick auf das Poppelsdorfer Schloss. Unter schattigen Bäumen

Eine Perle spätromanischer Architektur: die Münsterbasilika

laden pittoreske Antiquariate in Holzhütten und umgebauten Bauwagen zum Stöbern ein.

3 **Münsterbasilika 18

Ein Juwel sakraler Architektur und Wahrzeichen der Stadt ist das spätromanische Münster, das bereits über einzelne gotische Stilelemente verfügt. Dort, wo das Gotteshaus mit seinen fünf Türmen seit über 800 Jahren die Bonner Stadtsilhouette beherrscht, existierte bereits im 3. Jh. eine »Cella memoriae«, eine Totengedenkstätte. Die dreischiffige Basilika wurde ungefähr zu dem Zeitpunkt vollendet, als in der Nachbarstadt Köln der Grundstein für den Dom gelegt wurde: um 1248! Der im 12. Jh. unter Propst Gerhard von Are erbaute Kreuzgang ist heute der einzige gut erhaltene romanische Kreuzgang nördlich der Alpen. Der Propst veranlasste 1166, dass die Reliquien der Märtyrer gehoben und in kostbaren Schreinen auf dem Hochaltar aufgebahrt wurden, im Truchsessischen Krieg 1583/84 wurden die Schreine jedoch unwiederbringlich zerstört. Bis zum heutigen Tage werden die Dekane des Münsters in der Gruft unter dem Münster beigesetzt (www.bonner-muenster.de, Basilika: Mo–Sa 8–19, So 9 bis

Karte Seite 58

20 Uhr, Kreuzgang: Mo–Sa 10 bis 17.30, So 13–17.30).

Restaurants

Die Kaiserpassage am Martinsplatz entwickelt sich zu einer Top-Restaurant-Adresse. Im **ENTE** sind überwiegend junge Bonner Singles bei Prosecco und Cappuccino anzutreffen (Tel. 63 93 22, tgl. 9–23 Uhr, ●●●); das **Roses** ist ein Spitzenrestaurant, in dem der Küchenchef Exzellentes zaubert (Tel. 4 33 06 53, tgl. 9–1, Fr, Sa bis 2 Uhr, ●●●).

Bummel durch die Altstadt

– 2 – Stadthaus › Alter Friedhof › *August-Macke-Haus › Frauenmuseum › Archäologischer Park

Dauer: 1–2 Std.
Praktische Hinweise: Besonders schön ist der Altstadtbummel an einem Nachmittag im Sommer. Die vielen Museen sind dann noch offen und die zahlreichen guten Einkehrmöglichkeiten haben bereits geöffnet. Infos unter www.die-bonner-altstadt.de

Das Stadthaus 19

Das **Stadthaus** wurde Mitte der 1970er-Jahre gebaut, über die Architektur des Gebäudes streiten die Bonner seither trefflich. Aber wie die Rheinländer eben sind, sehen sie die Dinge stoisch (Et is, wie et is!) und dem Besucher wird erklärt, dass man aus dem 17. Stockwerk einen herrlichen Ausblick auf die Bonner Innenstadt, den Rhein und das Siebengebirge hat, die Verglasung hübsch in der Abendsonne leuchtet und man in der Stadthausgarage nachts und an Wochenenden preiswert parken kann.

Nightlife

Namenlos
Bornheimer Str. 20–22
Tel. 63 86 40
www.namenlos-bonn.de
Die stets gut besuchte Altstadtkneipe, die bis 3 Uhr nachts geöffnet hat, ist seit Jahrzehnten bei Studenten beliebt.

Alter Friedhof 20

Kurfürst Joseph Clemens ließ 1715 den Alten Friedhof anlegen, der bald zum Prominentenfriedhof Bonns wurde. Hier fand Beethovens Mutter 1787 ihre letzte Ruhestätte, eine schlichte Steinplatte erinnert an sie. Prunkvoller ist das Grab von Robert und Clara Schumann gestaltet.

Die Friedhofskapelle, die ursprünglich in Ramersdorf stand, ist zum Gegenstand religiöser »Forschungen« geworden. Seit Erscheinen von Büchern wie »Das Foucaultsche Pendel« (von Umberto Eco), »Das Blut der Templer« (von Wolfgang Hohlbein) oder »Sakrileg« (von Dan Brown) sowie entsprechender Verfilmungen geht man der Frage nach, wie es zu dem Pentagramm vor dem Eingang zur Kapelle, der fünfblättrigen Ornamentik und dem Tatzenkreuz in der Fassade der Kapelle – allesamt Symbole der

Im August-Macke-Haus

Templer – kam. Was hatte Bonn mit den Templern zu tun? Erklärungsversuche geben an, die Ramersdorfer Deutschordensritter hätten den Templern sehr nahe gestanden und das Pentagramm gelte im Volksglauben von jeher als Bannzeichen gegen das Böse: Auf die Türschwelle gezeichnet, soll es böse Geister daran hindern, diese zu überwinden.

Vom Alten Friedhof gelangt man über die Weiherstraße in die **Maxstraße,** die im Laufe ihrer Geschichte mal Karl-Marx-Straße, dann Maxstraße hieß. Heute befindet sich hier eine Moschee.

Restaurants

»Dreiländereck«: An der Altstadtkreuzung Heerstraße, Vorgebirgsstraße und Maxstraße liegen auf der Heerstraße gleich drei gute Restaurants beisammen. Vorzüglichen Döner und andere türkische Gerichte gibt es im **Döner House** (Nr. 119, ●), das **Mediterrano** (Nr. 121, ●●) bietet Speisen aus dem gesamten Mittelmeerraum, die Tapasbar **Qué Será** (Nr. 98, ●) mexikanische Spezialitäten. Alle: Tel. 9 69 19 95.

KunstCarré

Das August-Macke-Haus bildet zusammen mit dem Frauenmuseum, dem Bonner Kunstverein und dem Künstlerforum das Kunst-Carré. Kein Wunder, dass sich in einem solchen Klima viele Künstler und Kunstschaffende wohlfühlen. In den Hinterhöfen sind zahlreiche Ateliers entstanden, eine lebendige Kunstszene hat sich mittlerweile entwickelt, die ihre Exponate in Galerien und Ausstellungen der Öffentlichkeit präsentiert.

*August-Macke-Haus 21

Das Haus war 1911–1914 Lebensmittelpunkt des Malers August Macke (1887–1914), hier entstanden seine wichtigsten Werke, hier empfing er seine Malerkollegen und Freunde, darunter Max Ernst,

Franz Marc und Guillaume Apollinaire. Macke liebte diesen Teil der Stadt sehr, weil er sich von der Südstadt mit ihren braven Beamten und Rentnern so erfrischend abhob. Immer wieder wurden der Garten, aber auch Straßenszenen, die er vom Fenster aus beobachtete, zu Motiven seiner Arbeiten. Macke gehörte der Künstlergruppe »Der Blaue Reiter« an. Gleich zu Beginn des Ersten Weltkriegs fiel er an der Westfront bei Perthes-les-Hurlus in der Champagne. Besucher können sein Atelier unter dem Dach besichtigen, in dem einige Original-Ölgemälde des Künstlers zu bestaunen sind. Interessant sind auch die Wechselausstellungen zum Rheinischen Expressionismus, zu dem Macke ebenfalls gezählt wird, und natürlich im Treppenhaus die großen Fotos und Gemäldereproduktionen mit entsprechenden Erläuterungen zu den jeweiligen Lebensstationen Mackes (Bornheimer Str. 96, Tel. 65 55 31, www.august-macke-haus.de, Di–Fr 14.30–18, Sa, So, Fei 11–17 Uhr).

Bonner Kunstverein 22

In der Halle des früheren Blumengroßmarkts hat der Bonner Kunstverein eine Kunsthalle mit 1000 m² Ausstellungsfläche eröffnet, die sich in Wechselausstellungen der zeitgenössischen Kunst widmet. Der Kunstverein betreibt auch eine **Artothek,** in der sich Bonner Bürger originale Gemälde, Zeichnungen und andere Kunstwerke gegen eine geringe Gebühr für zwei Monate ausleihen können (Bonner Kunstverein, Hochstadenring 22, Tel. 69 39 36, www.bonner-kunstverein.de, Di bis So 11–17, Do bis 19 Uhr, Artothek Mi, Fr 14–17, Do 14–19, Sa 11–13 Uhr).

Das **Künstlerforum 23** gleich nebenan ist das Ausstellungshaus der Bonner Künstlergruppen. Die elf Gruppen wechseln sich alle drei Wochen im Rotationsverfahren bei der Auswahl der Künstler und der Gestaltung der Ausstellungen ab (Tel. 9 69 53 09, www.kuenstlerforum-bonn.de, Di–Fr 15–18, Sa 14–17, So 11–17 Uhr).

Restaurant

Ratatouille – das Bistrot im Kaiser Karl Hotel

Vorgebirgsstr. 56][Tel. 69 69 67
www.ratatouille-bonn.de

Das Bistro ist bekannt für seine erlesenen Gerichte. Die Desserts sind ein Gedicht! Häufig gastieren hier Promis – werfen Sie doch mal einen Blick ins Gästebuch des Hotels! ●●●

Frauenmuseum 24

Schon über ein Vierteljahrhundert lang bietet das Frauenmuseum Künstlerinnen Raum für Kunst- und Kulturprojekte und noch immer gilt es als bundesweit einzigartig. Um den thematisch äußerst abwechslungsreichen Ausstellungen möglichst viel Raum zu bieten, gibt es keine Dauerexponate. Seit 1981 fanden hier bereits weit über 400 Ausstellungen statt und wurden Werke von mehr als 2500 Künstlerinnen gezeigt. Nicht wenige von ihnen haben längst den Sprung auf den internationalen Kunstmarkt geschafft. Das Frauenmuseum, ein lebendiger Ort des Kunstschaffens, verfügt zugleich über einige Ateliers, in denen Frauen arbeiten, über eine interessante Galerie sowie einen Museumsladen (Im Krausfeld 10, Tel. 69 13 44, www.frauenmuseum.de, Di–Sa 14–18, So 11–18 Uhr).

Restaurant

Restaurant Strandhaus
Georgstr. 28][Tel. 3 69 49 49
www.strandhaus-bonn.de
Top-Restaurant mit erlesenen Filetspezialitäten. Di–Sa 18–1 Uhr. ●●●

Archäologischer Park 25

Über die Adolfstraße und die Kölnstraße gelangt man zum Archäologischen Park (zwischen Graurheindorfer- und Drususstr.). Der Name mag etwas zu viel versprechen, doch die Aufregung war groß, als man vor einigen Jahren im Innenhof der heutigen Wohnanlage Am Römerkastell/Didincirica Funde aus der römischen Zeit entdeckte. Ein **Modell der Römerstadt,** das die ehemalige Bayerische Vereinsbank 1989 zur 2000-Jahr-Feier gestiftet hatte, erinnert heute an die römische Besiedlung.

!! Die Römer versorgten sich in Bonn mit frischem Wasser aus der Eifel. Parallel zur Heerstraße verlief das **Aquädukt,** der genaue Verlauf ist Im Krausfeld, in der Georgstraße und in der Dorotheenstraße noch heute durch eine abweichende Pflasterung zu erkennen.

Verkehrsberuhigung nach römischer Art in der Heerstraße

Auf dem Boden fallen die Grundmauern der **Dietkirche** (Volkskirche) auf, deren Geschichte auf einem Schaubild an einer Hauswand erklärt wird. Die Kirche war Petrus und Johannes geweiht und wurde bereits 795 urkundlich erwähnt. Um 1010 entstand ein Kloster, rund um Kirche und Kloster entwickelte sich das kleine Dorf Dietkirchen, das im Kölnischen Krieg 1583 niedergebrannt, danach aber wieder aufgebaut wurde. 90 Jahre später, im Holländischen Krieg, sprengte die Garnison die Kirche, um freies Schussfeld auf den Feind zu haben, alle übrigen Gebäude wurden geplündert und in Brand gesteckt. Das bedeutete das Ende für Dietkirchen. Vor dem Kloster Dietkirchen stand das **Johanneskreuz,** daran erinnert hier noch der Platzname »Am Johanneskreuz«. Reste des Kreuzes befinden sich auf dem Alten Friedhof › S. 68.

Überquert man die Kölnstraße – die einstige **Römerstraße Via Colonia,** die nach Köln führte –, erreicht man die **Heerstraße,** die genau am ehemaligen Römerlager beginnt. Sie war schon vor 2000 Jahren ein bedeutender Handelsweg, der das Römerlager mit Trier verband. Die hier gefundenen Stelen, Grab- und Matronensteine blieben als Abgüsse erhalten und sind in der Heerstraße aufgestellt. Sie dienen als eine Art Verkehrsberuhigung!

Restaurants

■ **Bierhaus Machold**

Heerstr. 52][Tel. 9 63 78 77
www.bierhaus-machold.com
Hier wurde ab 1919 obergäriges Bier gebraut, die entsprechenden Apparaturen und Lagerbehälter sind noch im denkmalgeschützten Brauraum zu sehen. Dort sitzt man unter einem Glasdach wie in einem Wintergarten. Mo–Sa 17–1, So 10–24 Uhr. ●●

■ **Galeria Galeano/Café de Arte**

Wolfstr. 47][Tel. 63 58 89
Echt gut! **Eckcafé und Galerie zugleich:** Während man die Kunstwerke an den Wänden betrachtet, wird man mit köstlichem Kaffee versorgt. Die sympathische Inhaberin kennt fast alle Künstler der Altstadt.

Nightlife

■ **Balustrade**

Heerstr. 52
Tel. 24 00 16 05
Der Musikkneipen-Klassiker in der Bonner Altstadt ist unter der neuen Leitung ein wenig leiser geworden und legt seinen Schwerpunkt nicht mehr auf Rockmusik. Beliebter Studententreff.

■ **Shaker's**

Bornheimer Str. 26][Tel. 9 81 44 90
www.shakers-bonn.de
American Cocktailbar und Restaurant. Über 70 verschiedene Whiskys, 400 Cocktails. Mo, Di 17–1, Mi, Do bis 2, Fr, Sa bis 3 Uhr, So 16–1 Uhr.

Historisches Arbeiterviertel

Die heutige Altstadt war einst der am dichtesten besiedelte Stadtteil und seit dem 19. Jh. zugleich das Arbeiterviertel Bonns. In den Häusern dienten die Räume im Erdgeschoss und Hinterhaus als Werkstätten, Gewerbebetriebe, Gasthäuser und Läden, während die oberen Etagen der Vorderhäuser als Wohnungen genutzt wurden. In der Paulstraße und der darauf einmündenden Peterstraße entstand 1862 der erste soziale Wohnungsbau. In zusammenhängender Bebauung wurden hier preiswerte Genossenschaftswohnungen und Werkstätten errichtet. Diese gemischte Nutzung hat sich bis heute gehalten.

Die Zierkirschen der in den 1970/80er-Jahren angelegten Alleen blühen im Frühjahr in üppigem Rosa. In der Heerstraße und der Breiten Straße bilden diese Baumalleen traumhafte Blütendächer.

Poppelsdorf & Südstadt

Nicht verpassen!

- Auf der Poppelsdorfer Allee und in den Botanischen Gärten lustwandeln
- Auf dem Kreuzweg hinauf zur Kreuzbergkirche wandern
- Einem Kolabaum beim Wachsen zusehen
- Im Rheinischen LandesMuseum mittelalterlichen Gassengestank riechen
- Eine Zeitreise zu den Dinosauriern im Goldfuß-Museum unternehmen
- Häuser aus der Gründerzeit bewundern

Zur Orientierung

Die Bonner Barockachse verbindet das Stadtschloss mit dem Lustschloss und der höher gelegenen Kreuzbergkirche. Schon auf der Poppelsdorfer Allee haben Sie daher das Lustschloss Clemensruhe immer im Blick, dahinter laden die Botanischen Gärten zum Verweilen ein. Vom Kreuzberg bietet sich an klaren Tagen ein Fernblick bis nach Köln. Die Südstadt endet im Norden am Hauptbahnhof und wird im Süden durch die Reuterstraße begrenzt, auf der sich der Autoverkehr von der Autobahnabfahrt zur Museumsmeile und nach Bad Godesberg bewegt. Auf der anderen Seite der Reuterstraße beginnt Poppelsdorf.

Tour in Poppelsdorf & Südstadt

In Poppelsdorf und Südstadt

– 3 – Poppelsdorfer Allee › **Poppelsdorfer Schloss › **Botanische Gärten › **Kreuzbergkirche › *Heilige Stiege › *Rheinisches Landes-Museum

Dauer: 2 Std.

Praktische Hinweise: Die reine Gehzeit einer Tour durch Südstadt und Poppelsdorf beträgt zwei Stunden. Planen Sie unbesorgt einen ganzen Tag ein, zumal gemütliche Studentenkneipen locken – Poppelsdorf gehört zum Uni-Viertel!

Architektonisch und kulturhistorisch interessierte Besucher finden in Poppelsdorf viele und gut erhaltene Villen. Kein Wunder also, dass die Rheinländer im Karneval seit Jahrzehnten bierselig »Jetz hätt dat Schmitze Billa in Poppelsdorf en Villa …« singen, und jedem dabei sofort klar ist, dass es sich um eine exklusive Wohnlage handeln muss.

Entlang der Poppelsdorfer Allee

Die Poppelsdorfer Allee verbindet die beiden kurfürstlichen Schlösser und den Kreuzberg zur sogenannten Barockachse. Clemens August ließ die Allee nach dem Vorbild französischer Schlossalleen gestalten. Im Schatten der Kastanienbäume konnten die hohen Herrschaften von Schloss zu Schloss lustwandeln. Von seinem ursprünglichen Vorhaben, an der Stelle einen Kanal anzulegen, musste er Abstand nehmen. Wahrscheinlich nicht so sehr aus

Geldnot oder Wassermangel, sondern einfach, weil die Planer einige Probleme damit hatten, dass die beiden Schlösser auf ca. 60 m über NN stehen, der tiefste Punkt der Poppelsdorfer Allee aber rund 4–5 m tiefer liegt.

Südlich der Poppelsdorfer Allee schließt sich die Südstadt an, das Wohnviertel mit seinen herrschaftlichen Häusern aus der Gründerzeit, die das bürgerliche Selbstbewusstsein des »fin de siècle« widerspiegeln. Für Architekturinteressierte geht an dem von Kriegszerstörungen weitgehend verschont gebliebenen Viertel kein Weg vorbei. Aus der Südstadt kommt übrigens auch die urtypische Bonner Redensart: »Entweder et räänt oder de Barrier is eraff« (Entweder es regnet oder die Schranken sind zu). Denn hier verläuft die viel befahrene Rheinstrecke der Deutschen Bahn AG. Zu Hauptstadtzeiten wurde ergänzt: »Un wenn beidet zesammekütt, es Staatsbesooch« (Und wenn beides zusammenfällt, ist Staatsbesuch).

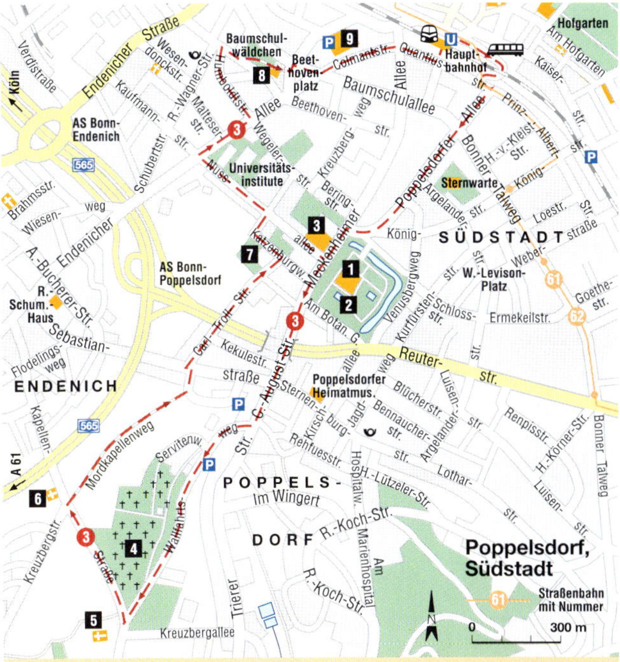

- ③ – In Poppelsdorf und Südstadt

1 Poppelsdorfer Schloss
2 Botanische Gärten
3 Goldfuß-Museum
4 Poppelsdorfer Friedhof
5 Kreuzbergkirche
6 Mordkapelle
7 Nutzpflanzengarten
8 Kurfürstliches Gärtnerhaus
9 Rheinisches LandesMuseum

Buch-Tipp Leseratten werden sich auf der Poppelsdorfer Allee über den **öffentlichen Bücherschrank »books outdoor«** freuen. Das Konzept ist einfach: Man leiht sich Bücher ohne Gebühr oder Leihfrist aus, bringt sie zurück und stellt andere hinein. Das funktioniert bereits seit 2003, der Schrank ist nie leer und enthält immer eine bunte Mischung aller Literaturgattungen.

4 **Poppelsdorfer Schloss und **Botanische Gärten

Am Ende der Poppelsdorfer Allee kommt man zunächst zum Schlossweiher mit dem alten Wärterhäuschen, gleich dahinter liegt das **Poppelsdorfer Schloss** **1**. Mit seinem Bau wurde 1715 unter Kurfürst Joseph Clemens begonnen. Erst 1753, unter seinem Nachfolger Clemens August, wurde die vierflügelige Schlossanlage mit kreisrundem Arkadenhof nach Plänen von Balthasar Neumann fertiggestellt. Das Schloss diente Clemens August als Sommerresidenz, sein eigentlicher Name ist daher Schloss Clemensruhe. Die Franzosen benutzten es 1794 als Lazarett, ab 1818 war es Sitz der Universität, während des Zweiten Weltkriegs wurde es zerstört und 1959 wiederaufgebaut. Der Innenhof ist im Sommer Schauplatz der beliebten Schlosskonzerte.

Das im Poppelsdorfer Schloss untergebrachte **Mineralogische Museum** präsentiert bereits seit 1818 eine beeindruckende Sammlung an Mineralien, Gesteinen, Erzen, Edelsteinen und Meteoriten (Tel. 73 27 64, während der Öffnungszeiten: 73 97 76, www.steinmann.uni-bonn.de, Mi, Fr 15 bis 17, So 10–17 Uhr).

Die **Botanischen Gärten Bonn** **2**, die bis 1818 als Lustgarten des Schlosses dienten, zählen zu den ältesten Gartenanlagen Deutschlands. Ihr Pflanzenbestand umfasst mittlerweile über 10 000 verschiedene Arten, darunter die größten Seerosen der Welt mit Blättern, die bis zu 80 kg wiegen. Allein die enorme Sammlung fleischfressender Pflanzen zieht zahlreiche Besucher an. Die Wappenpflanze und unbestrittene Königin der Gärten aber ist die **Titanenwurz**. Die Pflanze mit der größten Blüte der Welt sorgte 2006 für Aufsehen, als sie drei Blütenstände gleichzeitig bildete (www.botgart.uni-bonn.de, April bis Okt. So–Fr 10–18 Uhr, Nov.

Echt gut! Die gemütlichsten Kneipen in der Südstadt

- Bier- und Weinlokal **Zartbitter**, mit Biergarten (Argelander Str. 24).
- Musik-Kneipe **Mausefalle 33 1/3** mit Bühne und Biergarten (Weberstr. 41).
- Das **Café Pathos** ist Studentenkneipe und Pub (Weberstr. 43).
- Im **i-Punkt** bestimmt montags beim Börsenspiel die Nachfrage den Bierpreis (Bonner Talweg 19).
- **extro** ist eine Kneipe, in der sich die Studenten gerne auch schon tagsüber treffen (Lessingstr. 50).

bis März bis 16 Uhr, Gewächshäuser Mo–Fr 10–12, 14–16, So 10 bis 17 Uhr). Zu den öffentlich zugänglichen Botanischen Gärten gehört auch der Nutzpflanzengarten am Katzenburgweg › S. 79.

Goldfuß-Museum 3

Das Goldfuß-Museum im Institut für Paläontologie zeigt Fossilien aus aller Welt und dokumentiert damit, wie sich das Leben auf der Erde entwickelt hat. Wer das Museum in der Erwartung betritt, ein paar »olle Steine« anzusehen, bei denen mit viel Fantasie eine Muschelschale zu erkennen ist, den wird die Vielfalt der versteinerten Pflanzen und Tiere überraschen. Ausgestellt sind Saurier wie der 4 m lange Schlangenhalssaurier und ein Schädel des beliebten Tyrannosaurus Rex. Ebenso interessant: Jungtiere und trächtige Muttertiere des Fischsauriers (Nussallee 8, Tel. 73 31 03, www.paleontology.uni-bonn.de, Mo–Fr 9–16, So 13–17 Uhr).

Restaurants

Fellinis
Clemens-August-Str. 9
Tel. 7 21 78 66
www.fellinis-world.de
Angesagtes Ziel für Freunde von Tapas und italienischer Küche, schick, im Sommer sitzt man draußen. Tgl. 10–1, Fr, Sa bis 2 Uhr. ●●

Schloss-Café Poppelsdorf
Clemens-August-Straße 21
Tel. 4 33 08 00
Köstliche hausgemachte Kuchen, Torten, Pralinés und Brote. Tgl. 8–18 Uhr. ●●

Rekordverdächtige Monsterblume

Auf den Kreuzberg

Der Legende nach war der Hl. Crescentius, ein Schüler des Apostels Paulus, als römischer Soldat in Bonn stationiert. Auf dieser Anhöhe verkündete er die Botschaft Christi und verehrte das Kreuz als Zeichen der Befreiung und Erlösung. Im 15. Jh. versammelten sich hier bei Wallfahrten bis zu 50 000 Menschen. Den steilen Weg hinauf kann man rechts über einen Stationenweg, links entlang der Schrebergärten oder geradeaus über den **Poppelsdorfer Friedhof** 4 nehmen. Durch seine idyllische Hanglage und die bis zu 200 Jahre alten Grabmäler

Die Suche nach dem Heiligen Kreuz: Heilige Stiege in der Kreuzbergkirche

zählt er zu den schönsten Bonner Friedhöfen. Die Liste der bekannten Persönlichkeiten, die hier ihre letzte Ruhestätte fanden, ist lang.

Die **Kreuzbergkirche 5

Die Kreuzbergkirche wurde 1627 auf Veranlassung des Erzbischofs Ferdinand errichtet; Clemens August ließ sie zwischen 1746 und 1751 ausbauen und mit einem prunkvollen Hochaltar und anderen Kostbarkeiten ausstatten. In dieser Zeit entstand die barocke ***Heilige Stiege,** eine künstlerische Nachbildung der Treppe im Palast des Pontius Pilatus in Jerusalem. Wie der Hochaltar ist auch sie ein Werk Balthasar Neumanns. Der mittlere der drei Läufe mit seinen 28 Marmorstufen darf nur waffenlos und kniend erstiegen werden. Unter den in der zweiten, elften und letzten Stufe eingelassenen Messingkreuzen sollen angeblich Partikel des Kreuzes Christi eingelassen sein. Der Innenraum der Kirche widmet sich ganz dem Thema der Kreuzauffindung. Er ist als kreuzförmiger Saal mit seitlichen Kapellen angelegt. Der Hauptaltar zeigt die vor dem Kreuz kniende Kaiserin Helena; sie soll auf Golgatha drei Kreuze gefunden und das Kreuz Christi sofort erkannt haben (9 bis 17, im Sommer bis 18 Uhr).

1637 gründete der katholische Serviten-Orden hier das Kloster Kreuzberg. Aus dieser Zeit stammt das Gnadenbild der schmerzensreichen Mutter an der Südwand der Kirche. 1802 wurden die Mönche von den französischen Revolutionstruppen vertrieben, das Kloster wurde als

Gaststätte genutzt. 1855–1872 pflegten Jesuiten das Kloster, sie mauerten 1858 die Bildstationen der Sieben Fußfälle am Weg nach Endenich und 1861 die 14 Stationen eines Kreuzwegs um den Klostergarten, von denen nur noch die Stationen 12 und 14 erhalten sind.

ht gut!

Vom Kreuzberg aus genießt man nicht nur einen **fantastischen Blick auf Bonn** mit dem Post-Tower, sondern auch auf das Siebengebirge und die Kölner Bucht samt Kölner Dom.

Die Mordkapelle 6

Am Fuß des Kreuzbergs liegt das Kloster der Ewigen Anbetung mit der Mordkapelle. Sie wird auch Marter- oder Märtyrerkapelle genannt und wurde an der Stelle errichtet, an der im 3. Jh. neun römische Soldaten wegen ihres christlichen Glaubens hingerichtet worden sein sollen, darunter auch die späteren Bonner Stadtpatrone Cassius und Florentius. Das Kloster diente 1941/42 als Sammellager für 474 Juden aus Bonn, von denen nur sieben die anschließende Deportation überlebten. Von hier führt der Mordkapellenweg durch Felder und Schrebergärten den Berg hinab zurück nach Poppelsdorf.

*Nutzpflanzengarten 7

Im Nutzpflanzengarten der Botanischen Gärten Bonn (› S. 76) im Katzenburgweg gedeihen Muskatnüsse, Kiwis, Baumtomaten, Sternfrüchte und Kakaobohnen unmittelbar am Baum. Ein Highlight der Sammlung ist der Kolabaum. Er ist sonst nur in den Regenwäldern Afrikas anzutreffen, seine Samen enthalten das anregende Koffein in dem nach ihm benannten dunkelbraunen Erfrischungsgetränk. Das Botanische Institut bemüht sich sehr um die Wiederbelebung alter Bonner Obst- und Gemüsesorten. (Öffnungszeiten › Botanische Gärten.)

Über die **Humboldtstraße** mit wunderschönen Gründerzeithäusern erreicht man den städtischen Park **Baumschulwäldchen** mit dem **Kurfürstlichen Gärtnerhaus** 8. Der Barockbau aus dem 18. Jh. beherbergt heute eine kleine Galerie, die wechselnde Ausstellungen Bonner Künstler zeigt (Di–Sa 14–18, So 11–14 Uhr).

*Rheinisches Landes-Museum Bonn 9

Rheinische Geschichte, Kunst und Kultur von der Steinzeit bis in die Gegenwart! Das 1820 gegründete Museum präsentiert seine Exponate in Themenausstellungen wie »Macht und Mächte«, »Von den Göttern zu Gott« oder »Das Rheinland und die Welt«. Alle Sinne werden angesprochen, dabei kommen Audio-Guides, Multimediastationen, Filme und Musik zum Einsatz. Und selbst den Geruch einer mittelalterlichen Gasse kann man kennenlernen! (Colmantstr. 14–16, Tel. 2 07 00, www.rlmb.lvr.de, Di–Fr, So 11–18, Sa 13–18 Uhr.)

Der Post-Tower bei Nacht mit seiner verschiedenfarbigen Fassade

Am Rhein

Nicht verpassen!

- Im Art Shop der Kunst- und Ausstellungshalle nach ausgefallenen Mitbringseln stöbern
- In dreifacher Lichtgeschwindigkeit auf dem Planetenlehrpfad wandern
- Die geschichtsträchtigsten Bauten der Bundesrepublik besuchen
- Am UN-Campus und WCCB die internationale Zukunft Bonns erahnen
- Konrad Adenauers Wangenfalten streicheln
- Pflanzen und Elefanten im Blindengarten der Rheinauen ertasten
- Die unterschiedlichen Sichtwinkel der raffiniert gestalteten Plastik Beethon erforschen

Karte Seite 82

Zur Orientierung

Wer von Bonn spricht, denkt meist sofort auch an den Rhein. Er fließt durch das Stadtzentrum, ohne die Stadt tatsächlich zu teilen: Über genügend Brücken und Fähren halten beide Flussseiten Verbindung miteinander.

Bei einer Tour über den Planetenlehrpfad auf der Rheinpromenade haben Sie »Vater Rhein« stets im Blick. Südlich davon warten weitere Kilometer Flussufer auf Ihren Besuch, z. B. im Freizeitpark Rheinaue, der sich auf beiden Rheinseiten erstreckt.

Höchstens einen Steinwurf entfernt vom Rhein liegen so viele hochkarätige Museen, geschichtsträchtige Regierungsbauten und andere Sehenswürdigkeiten, dass dafür allein eine Urlaubswoche verwendet werden könnte.

Touren am Rhein

Museumsmeile & Bundesviertel

– 4 – ***Bundeskunsthalle › *Kunstmuseum Bonn › ***Haus der Geschichte der Bundesrepublik Deutschland › Bundeskanzleramt › *Palais Schaumburg › *Museum Alexander Koenig › *Villa Hammerschmidt › Bundeshaus › Post-Tower

Dauer: Gehzeit 1–2 Std.
Praktische Hinweise: Parken Sie am besten im Museumsparkhaus hinter der Bundeskunsthalle. Mit den Straßenbahnlinien 16, 63, 66, 67 und 68, Haltepunkt Heussallee/Museumsmeile, erreichen Sie den Startpunkt.

Ein echtes Sahnestück für politisch und kulturell Interessierte ist dieser Weg durch Bonn-Gronau. Wer das alte Regierungsviertel noch aus Zeiten vor dem Regierungsumzug in Erinnerung hat, wird es kaum wiedererkennen. Rund um den Langen Eugen entsteht der **UN-Campus** **1** mit den Büros der Vereinten Nationen und anderer internationaler Organisationen. Selbstverständlich bleiben die Berühmtheiten unter den Gebäuden wie Wasserwerk, Villa Hammerschmidt und Palais Schaumburg weiterhin beliebte Fotomotive.

Die Museumsmeile

Fünf Museen liegen hier dicht beieinander: die Bundeskunsthalle, das Kunstmuseum, das Haus der Geschichte der Bundesrepub-

Museumsmeile & Bundesviertel und Planetenlehrpfad
Straßenbahn mit Nummer
0
300 m
N
Rheindorfer Hafen
VILICH-RHEINDORF
VILICH
BEUEL
SÜD-STADT
KESSENICH
Rhein
Kennedybrücke
Personenfähre
Schiffsanlegestelle Alter Zoll
Schiffsanlegestelle Bundeshaus
Rathaus
Brückenforum
Hallenbad
Bahnhof Bonn-Beuel
Hochbunker
St. Josef-Hospital
Heimatmuseum Beuel
St. Remigius
Rathaus
Stadtmus.
Koblenzer Tor
Stadtgarten
Universität
Univ./Markt
Hofgarten
Akad. Kunstmus.
Kreuzkirche
Arithmeum
Juridicum
Auswärtiges Amt
Bundesz. f. pol. Bildung
Bundesrechnungshof/ Auswärt. Amt
Villa Spiritus
Bundespräsidialamt
Museum Koenig
Bundeskartellamt
Adenauer-Denkmal
Bundeskanzlerpl.
Bundeshaus
Heussallee/ Museumsmeile
Bundesnetzagentur
Pl. d. Dt. Post
Ollenhauerstr.
Remagen
A 565
Adenauerallee
Reuterstr.
Königswinterer Str.
Siegburger Str.
Augustiner-Str.
W.-Brandt-Allee
Fr.-Ebert-Allee
Stresemannufer
Brassertufer
Rathenauufer
Erzbergerufer
Konrad-Adenauer-Pl.
Talweg
Hausdorffstr.
Kaiserstr.
Poppelsdorfer Allee
Bonner Talweg
Rheinaustr.
Hermann-Str.
Goetheallee
Rheinaustr.
Landgrabenweg
Kreuzherrenstr.
Charles-de-Gaulle-Str.
Kurt-Schumacher-Str.
Heussallee
Görresstraße
Marie-Kahle-Allee
Beuys-Allee
Wasserland
Zitelmannstr.
Johanniterstr.

lik Deutschland, Museum Alexander Koenig sowie das Deutsche Museum Bonn.

5 ***Kunst- und Ausstellungshalle 2

Die Bundeskunsthalle präsentiert auf 5600 m² Ausstellungsfläche hochkarätige Wechselausstellungen, die unter verschiedenen Aspekten eines möglichst breit gefassten Kulturbegriffs ausgewählt werden. Das Ausstellungsspektrum umfasst daher bildende Kunst, Kulturgeschichte, Politik, Wissenschaft und Technik. Ob Gentechnik, Wetter, die Bronzezeit oder moderne Fotografie: Der Vielfalt von Ausstellungsthemen sind kaum Grenzen gesetzt. Die 16 Stahlsäulen vor der Fassade symbolisieren die 16 Bundesländer. Berühmt ist das Dach mit den drei markanten Lichttürmen. (Friedrich-Ebert-Allee 4, Tel. 9 17 10, www.kah-bonn.de, Di, Mi 9–21, Do–So 9–19 Uhr.)

Der Art Shop der KAH kooperiert mit dem Metropolitan Museum of Art (New York) und bietet **exklusiv das Sortiment des berühmten Museums-Shops.** Echt gut!

Einer der Schwerpunkte des Kunstmuseums ist die deutsche Malerei nach 1945

– 4 –
Museumsmeile & Bundesviertel

1 UN-Campus
2 Kunst- und Ausstellungshalle
3 Kunstmuseum Bonn
4 Haus der Geschichte der Bundesrepublik Deutschland
5 Bundeskanzleramt
6 Palais Schaumburg
7 Museum Alexander Koenig
8 Synagoge
9 Villa Hammerschmidt
10 World Conference Center
11 Wasserwerk
12 Langer Eugen
13 Schürmannbau
14 Post-Tower

– 5 –
Auf dem Planetenlehrpfad

15 Planetenlehrpfad Beginn
16 Ernst-Moritz-Arndt-Haus
17 Collegium Albertinum
18 Alter Zoll
19 Ägyptisches Museum
20 Opernhaus
21 Et Bröckemännche
22 Synagogenmauer
23 Beethovenhalle

*Kunstmuseum Bonn 3

Schon allein die Architektur des 1992 eröffneten neuen Kunstmuseums ist sehenswert. Der Berliner Architekt Axel Schultes hat damit nicht nur einen wichtigen städtebaulichen Akzent in Bonn gesetzt, das Museum gilt sogar als einer der wichtigsten Museumsneubauten in Deutschland nach 1945. Ständige Sammlungen wie

»August Macke«, »Joseph Beuys – Die Multiples«, »Klassische Moderne« oder »Deutsche Kunst nach 1945« geben dem Besucher einen tiefen Einblick in die Kunst des 20. Jhs. Werke von Georg Baselitz, Anselm Kiefer, Gerhard Richter, Gotthard Graubner und Ulrich Rückriem regen zur Auseinandersetzung mit zeitgenössischen Kunstrichtungen an. Und keine Sorge, wenn Sie einmal etwas nicht verstehen sollten: Das Personal ist gut geschult und erklärt sehr anschaulich (Friedrich-Ebert-Allee 2, Tel. 77 62 60, www.kunstmuseum-bonn.de, Di–So 11 bis 18, Mi bis 21 Uhr).

Restaurant

Das **Café im Kunstmuseum** bietet nicht nur auf der Sonnenterrasse köstliche Kleinigkeiten und beste Erholung zwischen zwei Museumsbesuchen. Di–So 10–19 Uhr.

Namen in Stein

Wer darüber rätselt, was die vielen unbekannten Namen, die zusammen in die Pflastersteine vor dem Haus der Geschichte der Bundesrepublik Deutschland und vor der Kunst- und Ausstellungshalle geschlagen wurden, mit dem britischen Rockstar Freddy Mercury zu tun haben, sollte wissen: Alle waren HIV-positiv und starben an AIDS. Die Steininstallation des Bildhauers Tom Fecht »NAMEN und STEINE – mémoire nomade« aus dem Jahr 1994 ist Teil eines AIDS-Projekts.

6 ***Haus der Geschichte 4

Im Haus der Geschichte der Bundesrepublik Deutschland findet alles andere als eine langweilige Geschichtsdokumentation statt. Auf fünf Ausstellungsebenen werden mehr als 7000 Objekte deutscher Nachkriegsgeschichte präsentiert. Dabei geht es um die große Politik in Deutschland, Europa und der Welt, aber v. a. auch um das einfache Volk: um die Lebensmittelbezugskarten und Care-Pakete nach dem Krieg etwa, um die Friedensbewegung, um die Anti-Baby-Pille oder um die Schwierigkeiten zwischen »Wessis« und »Ossis« nach dem Mauerfall. Wechselausstellungen runden das Geschichtserlebnis ab. Jeder Besucher behält andere Exponate in dauerhafter Erinnerung, vielleicht ist es bei Ihnen das Mobiliar des ehemaligen Bundestags-Plenarsaals, die Eisdiele aus den 1950er-Jahren, die erste Dienstkarosse von Konrad Adenauer oder die in einem Buch versteckte Geheimkamera, mit der ein Fotograf den Aufstand am 17. Juni 1953 in Ost-Berlin festhielt. Eintritt frei! (Willy-Brandt-Allee 14, Tel. 9 16 50, www.hdg.de, Di–Fr 9–19, Sa, So, Fei 10–18 Uhr.)

Erinnerungen an Hauptstadtzeiten

Über den Bundeskanzlerplatz gelangt man zum **Bundeskanzleramt** 5. Versteckt hinter Hecken befindet sich das Gebäude, das von 1976 bis 1999 Sitz des Bundeskanzlers war. Heute ist dort

Die einstige Staatskarosse Konrad Adenauers ist heute im Haus der Geschichte ausgestellt

das Ministerium für wirtschaftliche Zusammenarbeit und Entwicklung untergebracht.

Davor steht das von Hubert Pilgrim geschaffene bronzene **Adenauer-Denkmal:** ein 2 m großer Kopf des berühmten Staatsmannes, bei dem man zweimal hinschauen muss, um alle Details zu erfassen. Was zunächst wie Wangenfalten wirkt, sind Jahreszahlen. Beginnend auf der rechten Wange, ist das Geburtsjahr zu erkennen, um den Hinterkopf herum sind die wichtigen Lebensdaten dargestellt, die linke Wange ist das Todesjahr.

Von 1949 bis 1976 hatte der Bundeskanzler seinen Sitz im ***Palais Schaumburg** 6. Der große weiße Bau im klassizistischen Stil mit dem auffälligen Rundturm war 1858–1860 für den Tuchfabrikanten Wilhelm Loeschigk gebaut worden. Hier unterzeichneten 1990 Vertreter beider deutscher Staaten den Vertrag für die Wiedervereinigung. Seit dem Regierungsumzug ist es zweiter Dienstsitz des Bundeskanzlers und des Kanzleramtes. Das Palais Schaumburg ist museal in die Stiftung Haus der Geschichte der Bundesrepublik Deutschland integriert; mit namentlicher Voranmeldung sind Führungen möglich (www.hdg.de).

ArtCard

Lohnend für alle, die gerne und regelmäßig die Ausstellungen der Bundeskunsthalle und des Kunstmuseums besuchen, ist die ArtCard. Für 60 € (Partnerkarte 90 €) kann man ein Jahr lang kostenlos alle Ausstellungen besuchen, muss nicht Schlange stehen, wenn eine wichtige Ausstellung ihre Tore öffnet und erhält Ermäßigung bei den verschiedenen Veranstaltungen.

Das »Weiße Haus am Rhein«

Echt gut!

Am Haus der Geschichte beginnt der **Weg der Demokratie,** ein etwa zweistündiger Spaziergang zu 18 Orten, an denen die deutsche Demokratie gestaltet wurde – darunter alle Regierungsgebäude, die Hofgartenwiese und die früheren Parteizentralen. Vor den einzelnen Gebäuden sind Info-Tafeln aufgestellt. Auskunft bei der Bonn Information › S. 15 oder www.wegderdemokratie.de.

Nightlife

Das **Pantheon** am Bundeskanzlerplatz steht für großartige Kabarettabende und vergibt zusammen mit dem WDR den **Kabarett-, Comedy- und Satirepreis »Prix Pantheon«.** Es lädt aber auch zu Tanznächten und Mottopartys ein. **Tel. 21 25 21, www.pantheon.de.**

Echt gut

*Museum Alexander Koenig 7

1912 gründete der Bonner Zoologe Alexander Koenig sein Museum, es entwickelte sich bald zu einem der größten Naturkundemuseen Deutschlands. In der wissenschaftlichen Sammlung mit über 3000 Exponaten liegt der Schwerpunkt auf Insekten und Wirbeltieren. Die Ökologie-Ausstellung »Unser blauer Planet« verdeutlicht eindrucksvoll, wie alle Lebewesen der Erde voneinander abhängig sind. Anhand des Großlebensraums der afrikanischen Savanne wird gezeigt, wie Tiere und Pflanzen sich über

Römersiedlung im Regierungsviertel

Auf dem heutigen Bonner Stadtgebiet gab es in der Römerzeit zwei Ansiedlungen. Dass auf Höhe der Kennedybrücke ein Legionslager existierte, war lange bekannt. Völlig überrascht aber wurde man mit dem Fund eines Vicus, einer zivilen Ansiedlung, auf beiden Seiten der Adenauerallee. In der ersten Bonner Reihenhaussiedlung standen die sogenannten Streifenhäuser dicht an dicht, in den Räumen direkt an der Straße waren Werkstätten, Läden und Tavernen untergebracht. Im hinteren Bereich wohnte man, in den Gärten fanden sich Brunnen, Abfallgruben, Latrinen, Töpferöfen und vereinzelte Gräber. Im öffentlichen Bereich des Dorfes lagen der Marktplatz, ein Tempelbezirk und ein Badegebäude. Die unerwartet große Therme (200 m²) konnte mithilfe einer ausgeklügelten Heizungsanlage in den Böden und Wänden der Baderäume beheizt werden, sie soll der Öffentlichkeit im Wellnesstrakt des neuen Kongresshotels präsentiert werden.

Jahrmillionen an ihren Lebensraum angepasst haben und welche Wechselwirkungen dabei entstanden. Auch politikgeschichtlich ist das Museum interessant: Hier fand am 1. September 1948 die feierliche Eröffnung des Parlamentarischen Rats statt (Adenaueralle 160, Tel. 9 12 20, www.museumkoenig.de, Di–So 10–18, Mi bis 21 Uhr).

Restaurant

Ristorante da Dante im Hotel Kanzler

Adenauerallee 148][Tel. 4 22 44 77

Gehobene italienische Küche zu annehmbaren Preisen. Mo–Sa 11:30 bis 14:30, 18–23.30 Uhr ●●

Bonner Synagoge 8

Biegt man von der Adenauerallee in die Tempelstraße ein, liegt rechter Hand die neue **Bonner Synagoge,** die am 26. Mai 1959 geweiht wurde. Nachdem die meisten Bonner Juden während der NS-Herrschaft deportiert und umgebracht worden waren, entwickelte sich zunächst nur langsam jüdisches Leben in der Stadt. Heute hat die jüdische Gemeinschaft in Bonn wieder etwa 1000 Mitglieder.

*Villa Hammerschmidt 9

Die Villa Hammerschmidt, 1860 erbaut, ist seit 1951 Sitz des Bundespräsidenten. Wegen ihres weißen Außenanstrichs und der Ähnlichkeit zum Dienstsitz des US-amerikanischen Präsidenten trägt sie den Beinamen »Weißes Haus am Rhein«. Seit der Bundespräsident jedoch im Schloss Bellevue in Berlin residiert, dient die Villa am Rhein nur noch als zweiter Amtssitz. Im Erdgeschoss befinden sich der Empfangssaal, das Kaminzimmer und andere Repräsentationsräume, das Obergeschoss ist dem Bundespräsidenten privat vorbehalten.

World Conference Center Bonn 10

Im **Bundeshaus** fand am 7. September 1949 die konstituierende Sitzung des Deutschen Bundestages statt, hier wurde das Grundgesetz verkündet. Untergebracht ist das Bundeshaus im Gebäude der 1930–1933 im Bauhausstil errichteten ehemaligen pädagogischen Akademie. Die Aula im Altbau diente anfangs als

Echt gut!

Die kuriosesten Sehenswürdigkeiten Bonns

- Eine Steinfigur mit heruntergelassener Hose als Meinungsäußerung: **et Bröckemännche** › S. 92.
- Kanonen, aus denen nie geschossen wurde, am **Alten Zoll** › S. 90.
- Der **Schürmannbau** war schon Ruine, bevor er fertig gebaut war › S. 88/89.
- Ein **Beethoven-Denkmal**, das keiner haben wollte, zierte wohl aus Kostengründen die Bundesgartenschau in den Rheinauen › S. 93.
- Denkmalschutz vor gut 100 Jahren: das umgesetzte **Sterntor** › S. 58.
- Ein **Wasserwerk** diente von 1986–1992 als Plenarsaal › S. 88.

Transparenter als die Politik: das Bundeshaus im Bauhausstil

Tagungsort für den Parlamentarischen Rat. Als Mitte der 1980er-Jahre mit dem Bau des neuen Plenarsaals des Deutschen Bundestages begonnen wurde, mussten die Parlamentarier in das **Alte Wasserwerk** **11** ausweichen. Der Deutsche Bundestag tagte daher von 1986 bis 1992 im Pumpenhaus des 1950 stillgelegten Wasserwerks. Die Abgeordneten saßen hier äußerst beengt, als die gewählten Vertreter der neuen Bundesländer hinzukamen, musste man sogar Klappstühle aufstellen. Viele historische Entscheidungen sind im Wasserwerk getroffen worden, so auch die Entscheidung für den Umzug nach Berlin! Das Gründerzeitgebäude aus dem Jahr 1875 ist als technisches Denkmal eingestuft und wird weiterhin als Tagungsstätte genutzt. Wegen seiner guten Akustik finden hier öfters Konzerte statt.

Am 30. Oktober 1992 war es dann so weit: Der helle, transparent wirkende neue **Plenarsaal** im Bundeshaus wurde eingeweiht. Ganze sieben Jahre diente er dem

»Land unter« im Schürmannbau

Das Gebäude für die neuen Abgeordnetenbüros sollte wegen der Nähe zum Rhein in einer Wanne gebaut werden. Doch bevor der Hochwasserschutz fertiggestellt werden konnte, führte im Dezember 1993 ein extremes Rheinhochwasser zu einem Anstieg des Grundwasserspiegels. Die Tiefgarage lief voll, der Rohbau schwamm auf, hob sich um bis zu 70 cm und erlitt schwere Schäden. Noch ein halbes Jahr stand Wasser im Untergeschoss, erst vier Jahre später wurden die Bauarbeiten fortgesetzt. Eine Weile war die Schuldfrage in aller Munde, der Architekt gelangte zu trauriger Berühmtheit.

Karte Seite 82

Bundestag. Seit 1999 streiten die Abgeordneten in Berlin. Der ehemalige Plenarsaal und das Wasserwerk sind heute Kerngebäude des **Internationalen Kongresszentrums**. Im Jahr 2013 wird voraussichtlich ein weiterer Bau das World Conference Center Bonn (WCCB) vervollständigen (www.worldccbonn.de, Führungen Sa, So, Fei 14 und 15 Uhr).

Langer Eugen 12 und Schürmannbau 13

Das ehemalige **Abgeordnetenhaus** trägt seinen Spitznamen nach dem Bundestagspräsidenten Dr. Eugen Gerstenmaier, der den Hochhausriesen durchsetzte (im Volksmund »Eugens Rache« genannt). Das 112 m hohe Turmhaus mit 30 Etagen wird inzwischen von Einrichtungen der Vereinten Nationen genutzt.

Ein Fiasko wurde der **Schürmannbau.** Nach dem größten Architektenwettbewerb der deutschen Geschichte wurde der Bau, der als Bürohaus für die Abgeordneten dienen sollte, nach Plänen des Kölner Architekten Joachim Schürmann gebaut. Doch noch vor Fertigstellung ging der Bau buchstäblich baden. Heute sendet hier die Deutsche Welle auf 31 Sprachen in die ganze Welt.

Im Tulpenfeld

Der Name erinnert an jene Zeiten, als hier noch Landwirtschaft betrieben wurde. Bundesministerien und Abgeordnetenbüros waren hier ansässig, heute unterhält die Bundespressekonferenz am Ort ihre einzige Außenstelle. Der **Post-Tower 14**, die Konzernzentrale der Deutschen Post AG, ist mit seinen 162,5 m das höchste Gebäude der Stadt und überragt sogar den Kölner Dom. Die Glasfassade steht für Offenheit, die Glasebenen zwischen den beiden Gebäudehälften in jedem neunten Stockwerk werden Skygärten genannt und dienen als luftige Kommunikationsflächen für die Mitarbeiter. Schon kurz nach seiner Fertigstellung wurde der Post-Tower zum neuen Bonner Wahrzeichen. Ganz besonders schön ist er bei Nacht, wenn die Fassade in verschiedenen Farben leuchtet.

7 Auf dem Planetenlehrpfad

– 5 – Altes Wasserwerk › Ernst-Moritz-Arndt-Haus › Collegium Albertinum › Alter Zoll › *Ägyptisches Museum › Beethovenhalle › Rheindorfer Hafen

Dauer: ½ Tag zu Fuß, 1 ½ Std. per Fahrrad
Praktische Hinweise: Autofahrer stellen für diese Streckenwanderung ihr Fahrzeug im Kranenweg in Graurheindorf ab. Die Buslinie 638 bedient 3-mal stündlich den Hauptbahnhof, von dort mit der U-Bahn zur Haltestelle Heussallee nahe dem Startpunkt am Wasserwerk. Bei Radlern bietet sich für den Rückweg die rechte Rheinpromenade an.

Am Rheinufer entlang führt der 5946 m lange Planetenlehrpfad, ein Modell unseres Sonnensystems im beeindruckenden Maßstab von 1:1 000 000 000. Daraus ergibt sich für die Sonne ein Durchmesser von 1,40 m; die inneren Planeten Merkur, Venus, Erde und Mars sind so klein, dass die meisten Besucher ihren Augen nicht so recht trauen und die Halbkugeln lieber befühlen. Bei normalem Gehtempo benötigen Sie etwa 1,5 Stunden von der Sonne bis zum Pluto, maßstabsgetreu erreichen Sie so immerhin dreifache Lichtgeschwindigkeit! Wie schnell man dann wohl mit dem Fahrrad sein kann?

Am **Alten Wasserwerk** › S. 88 startet der **Planetenlehrpfad** 15 (www.bonner-stadtwege.de), der unterhaltsam verdeutlicht, dass unser Sonnensystem nur ein winziger Teil des unendlichen Weltalls ist. Hier können schon Kinder eine Vorstellung von den riesigen Entfernungen entwickeln, die zwischen den einzelnen Planeten liegen.

Ernst-Moritz-Arndt-Haus 16

Das Ernst-Moritz-Arndt-Haus nahe dem Saturn (1427 m vom Startpunkt des Planetenlehrpfads entfernt) wurde 1819 erbaut. Der Dichter, Publizist und Historiker wohnte bis zu seinem Tod 1860 darin. Ein Gedenkzimmer im Erdgeschoss zeigt persönliche Gegenstände wie seinen Bücherschrank und Gemälde. Im Obergeschoss ist ein sehenswerter Biedermeiersalon eingerichtet. Der auffällige Lehnstuhl, der auf goldenen Löwentatzen ruht, war angeblich ein Geschenk des russischen Zaren (Adenauerallee 79, nur zu Sonderausstellungen geöff.: Mi–Sa 13–17, So 11.30–17 Uhr, www.bonn.de/stadtmuseum).

Restaurant

Zur Lese
Adenauerallee 37
Tel. 22 33 22
www.zurlese.de
Weinrestaurant und Terrassencafé hoch über der Promenade mit Blick auf Rhein und Siebengebirge, großer Wintergarten. Edle Kreationen wie Seehechtfilet an Kirsch- oder Lachs an Dillschaum. Di–So 12–24 Uhr. ●●

Collegium Albertinum 17

Hinter der **MEZ-Sommerzeit-Sonnenuhr** erreicht man das Priesterseminar Collegium Albertinum, das Theologenkonvikt des Erzbistums Köln. Der 1892 fertiggestellte neugotische Bau beherbergt Teile einer römischen Thermenanlage, die besichtigt werden können (tgl. 9–18 Uhr).

Von hier sind es ein paar Schritte zur regelmäßig verkehrenden **Personenfähre nach Bonn-Beuel** (www.rheinnixe.com). An dieser Anlegestelle bestieg man bereits im 19. Jh. das Dampfschiff, um das Rheintal zu bereisen.

Alter Zoll 18

Die Drei-Königs-Bastion war im 17. Jh. Teil des Festungsgürtels der Stadt, bekannter ist sie unter dem Namen Alter Zoll. Die beiden 3 m langen Kanonen wurden nie zur Verteidigung der Stadt Bonn eingesetzt, es handelt sich um reine Salutkanonen, die 1871 zur Verschönerung des Alten Zolls aufgestellt wurden und nicht einmal für diesen Zweck abgefeuert wurden. Schon im Mittelalter befand sich hier oben eine Zollstation. Überliefert ist, dass die Zöllner Seile nach Beuel spannten und so die Schiffe zum Anhalten zwangen.

Heute kommen viele Bonner, um bei schönem Abendlicht den Blick auf Beuel und das Siebengebirge zu genießen. Diesen Ausblick wussten vermutlich auch schon Heinrich Heine und Ernst Moritz Arndt zu schätzen, denn Denkmäler erinnern hier an die beiden Dichter.

*Ägyptisches Museum 19

Etwas versteckt im Obergeschoss des Schlosses liegt das Ägyptische Museum mit Exponaten aus der Zeit um 4000 v. Chr. bis 300 n. Chr. Die thematische Dreiteilung macht die Ausstellung überaus anschaulich: Im Ausstellungsteil »Haus« lernt man das Alltagsleben der alten Ägypter anhand von Werkzeugen, Kochutensilien, Kleidung und Schmuck kennen. Der Pharaonenkult und das Verhältnis der Menschen zu ihren Göttern werden im »Tempel« veranschaulicht – u. a. anhand vergoldeter Masken und Götterfiguren. Im Bereich »Grab« ist eine Fülle von Grabbeigaben

Mehr Schein als Sein am Alten Zoll

ausgestellt, die ein Bild der altägyptischen Jenseitsvorstellungen vermitteln (Regina-Pacis-Weg 7, Tel. 73 97 17, www.aegyptisches-museum.uni-bonn.de, Di–So 12 bis 18 Uhr).

Opernhaus 20

Am einstigen Ort der Synagoge befindet sich heute das Opernhaus, das zwischen 1961 und 1965 erbaut wurde und Spielstätte für die Sparten Oper und Choreografisches Theater ist. Im gleichen Gebäude ist die **Werkstattbühne** untergebracht, bekannt für experimentierfreudige Aufführungen meist junger Regisseure (Am Boeselagerhof 1, Tel. 77 80 08, www.theater-bonn.de).

Restaurant

Opera
Kapuzinerstr. 13][Tel. 63 96 97
www.opera-bonn.com
Türkische Küche, viele Promis. Nach dem letzten Vorhang in der Oper gegenüber wird es voll. ●●

Et Bröckemännche: den Frankfurtern den Hintern zeigen

Kennedybrücke

Sie galt als die schönste aller Rheinbrücken: die 1898 nach Plänen des berühmten Architekten Bruno Möhring (1863–1929) erbaute Rheinbrücke zwischen Bonn und Beuel. Als sich am 8. März 1945 die deutschen Verbände vor den einrückenden alliierten Truppen zurückzogen, befahlen sie die Sprengung der Brücke. Ein Zivilist soll den Befehl ausgeführt haben und dafür von seinen Mitbürgern erschlagen worden sein. 1948/49 entstand an der Stelle der alten Rheinbrücke die heutige, 1963 zu Ehren J. F. Kennedys benannte Kennedybrücke.

Bonn-Castell

Nördlich der Kennedybrücke, direkt am Rhein, steht die **Synagogenmauer** 22 im Stadtteil Castell. Es handelt sich dabei jedoch nicht um eine Originalmauer, sondern um eine aus Steinen der zerstörten alten Synagoge errichtete und einen stilisierten Davidstern zeigende symbolische Mauer. Auf dem Planetenlehrpfad wird hier Uranus erreicht (2870 m).

Seit ihrer Einweihung 1959 ist die **Beethovenhalle** 23 ein beliebter Kongress- und Konzertsaal, der Ort, an dem die Bundespräsidenten gewählt wurden, wo die Bundespressebälle stattfanden – und nach wie vor die internationalen Beethovenfestspiele. Auch das Beethovenorchester hat hier seinen Sitz. Fasziniert sind die meisten Besucher von der 1986 aufgestellten Beethoven-Beton-

Et Bröckemännche 21

Am Bau der ersten Rheinbrücke von Bonn nach Beuel beteiligten sich die Beueler finanziell nicht. Verärgert gaben die Bonner eine Skulptur in Auftrag, die einen Mann darstellt, der seinem Betrachter bei heruntergezogener Hose das Hinterteil zeigt. Dieses Brückenmännchen war quasi ein nachbarschaftlicher Gruß der besonderen Art. Nach der Sprengung der Rheinbrücke 1945 konnte das Brückenmännchen aus den Fluten des Rheins gerettet werden. Seit 1949 ziert es (als Kopie) wieder die Rheinbrücke, zeigt nun aber in Richtung Frankfurt, dem Bonn kurzfristig in der Hauptstadtfrage vorgezogen worden war. Für die Restaurierung soll der Bonner Bildhauer Jakobus Linden eine urrheinische Rechnung geschrieben haben: »Däm Bröckemännche de Botz jeflick« (dem Brückenmännchen die Hose geflickt).

Karte Seite 94

büste **Beethon** vor der Halle. Von der Seite betrachtet erscheint sie als abstraktes Kunstwerk, nur von vorne ist das Konterfei Beethovens zu erkennen.

Ein Abstecher zur Ecke Römerstraße/Augustusring führt Sie zum **Römischen Schwerlastkran,** der die Nordostecke des ehemaligen Römerlagers markiert. Nach dem Vorbild eines römischen Reliefs aus dem 2. Jh. gefertigt, kann er Lasten bis 5 t bis zu 8 m horizontal und vertikal bewegen.

Letzte Station: Pluto

Kurz vor der Friedrich-Ebert-Brücke treffen Sie auf Neptun (4497 m). Die Schrägseilbrücke trägt die A 565 und wird gerne »Rheinharfe« genannt. Nun muss die Rheinpromenade kurz verlassen werden, der Fuß- und Radweg verläuft um den **Rheindorfer Hafen** herum. Wieder zurück an der Promenade, hat man die letzte Station des Planetenlehrpfads erreicht: Pluto. Der Arme hatte es nicht leicht. Die Installation seiner fertigen Informationstafel verschob sich wegen eines Neubaugebietes um drei Jahre. Dann – kaum ein Jahr nach der Montage – wurde ihm der Planetenstatus aberkannt!

*Freizeitpark Rheinaue

–6– Rosengarten › Japanischer Garten › Elefantenbrunnen › Bodensonnenuhr › Große Blumenwiese

Dauer: 2 Std.

Praktische Hinweise: Startpunkt ist der große Parkplatz an der Ludwig-Erhard-Allee. Bei Anreise mit der Straßenbahn (Linie 66 und 68) beginnen und beenden Sie die Runde hinter dem Rosengarten und Parkrestaurant am Haltepunkt »Rheinaue«.

Das Gelände der Bundesgartenschau 1979 ist ein beliebtes Naherholungsgebiet für Bonner und Bonn-Besucher gleichermaßen. Die Rheinauen mit ihren vielfältigen Themengärten, Kunstobjekten, Spielplätzen, gepflegten Wiesen und Sportmöglichkeiten bieten einfach jedem etwas.

Rosengarten [24]

Im Sommer ist der Rosengarten ein kleines Paradies: Rosen, so weit das Auge reicht. Auf Parkbänken sitzt man unter rankenden Kletterrosen, wer ein Buch oder einen netten Gesprächspartner dabei hat, verbringt schnell einen halben Tag in der Idylle.

Unterhalb des **Rheingarten-Pavillons** steht das **Beethoven-Ewigkeits-Denkmal** [25], eine Skulptur des sitzenden Beethoven. Sie wurde 1936 gefertigt und stieß bei der Bevölkerung auf wenig Begeisterung. Vielfach wurde vermutet, der Komponist sitze in einer Badewanne oder liege gar im Sterben. Aber sie entsprach dem Kunstgeschmack der Nazis, die das Projekt durch eine Spende unterstützten. Die Skulptur wurde erst wieder im Rheinauenpark aufgestellt, als man nach Attraktionen für die Bundesgartenschau im Jahr 1979 suchte, die mit wenig Kosten verbunden waren.

Restaurant

Parkrestaurant Rheinaue
Ludwig-Erhard-Allee 20
Tel. 37 40 30
www.rheinaue.de
Internationale Küche mit Spezialitäten der Saison. Im Sommer Fr ab 19.30 Uhr Jazz im Biergarten. Tgl. ab 9.30 Uhr. ●●

Am Auensee

In einer **Kaskade** **26** fällt das Wasser zunächst einige Meter hinab und fließt in den Auensee. Dieses Schauspiel betrachtet man schön über das Geländer gelehnt hinter dem **Löffelwald** **27**, einer Gruppe von Metallstäben, an denen runde Aluminiumplatten die Sonne reflektieren. Nahebei zeigt die **Römische Gräberstraße** **28** 26 Abgüsse römischer Steindenkmäler aus dem Landesmuseum. Das **Freilichttheater** **29** wird bei

– 6 –
Freizeitpark Rheinaue

- **24** Rosengarten
- **25** Beethoven-Ewigkeits-Denkmal
- **26** Kaskade
- **27** Löffelwald
- **28** Römische Gräberstraße
- **29** Freilichttheater
- **30** Japanischer Garten
- **31** Blindengarten
- **32** Bodensonnenuhr
- **33** Deutscher Garten
- **34** Große Blumenwiese

Elefantenbrunnen: Jeder der Blinden ertastet etwas anderes, und es bricht Streit aus

sommerlichen Veranstaltungen genutzt. Im Sommer wird am **Auensee ein Bootsverleih** mit Ruder- und Tretbooten betrieben.

ht gut!

Japanischer Garten 30

Etwas abgeschirmt liegt der 2000 m² große Japanische Garten. Die fernöstlich anmutende Oase wird dominiert von einer 13-stufigen Pagode, die sich mit einem Teich und einem Bachlauf zu einem harmonischen Ganzen fügt.

Blindengarten 31

Für den Blindengarten wurden die Pflanzen nach ihrem charakteristischen Duft oder ihrer unverwechselbaren Form ausgewählt. In der Mitte des Gartens fällt der **Elefantenbrunnen** auf, der symbolisch für die indische Sage von den fünf Blinden, dem Elefanten und der Wahrheit steht. Tritt man aus dem Blindengarten heraus, erkennt man den **Totempfahl,** ein Geschenk Kanadas, das zum Wahrzeichen des Parks geworden ist.

Beim **Rheinauenflohmarkt** (April–Okt. jeden 3. Sa im Monat, 8–18 Uhr) verkaufen ausschließlich Amateure ihre Speicherfunde und Kellerschätze.

Echt gut!

Über mehrere Holzbrücken gelangt man zu einer **Bodensonnenuhr** 32. Wer sich auf die Markierungen stellt, kann am eigenen Schatten die Uhrzeit ablesen.

Blumenwiese

Hobbygärtner finden im **Deutschen Garten** 33 Anregungen zur Gestaltung heimischer Staudenbeete und die **Große Blumenwiese** 34 lädt zum Picknicken ein.

Die Schäl Sick: Bonn-Beuel

Nicht verpassen!

- Mit der Personenfähre Rheinnixe nach Beuel fahren
- Einen Abend im Biergarten auf der Rheinpromenade genießen
- Das Heimatmuseum besuchen
- Beim Pützchens Markt Liebesäpfel essen und Achterbahn fahren
- Das Innenstadtpanorama vom Säulengang der hinreißenden Doppelkirche von Schwarzrheindorf betrachten
- Aktuelle Inszenierungen von Jugendstücken im Jungen Theater erleben

Karte Seite 98

Zur Orientierung

Wer rheinisches Stadtleben kennenlernen will, sollte die rechte Rheinseite besuchen: Die »Schäl Sick« zählt nicht zu den üblichen Touristenpfaden und hat weder Studenten-, Villen- noch Diplomatenviertel. Doch es gibt einiges zu erkunden: sehenswerte Kirchen, das zauberhafte Heimatmuseum und et Bahnhöffche. Und von der Rheinschleife südlich von Beuel wird man noch viel hören und lesen: Hier entsteht aus einer Industriebrache rund um die sanierte Rohmühle der moderne Stadtteil Bonner Bogen.

Warum die rechte Rheinseite »Schäl Sick« genannt wird? Früher fuhren Boote auf dem Rhein mit der Strömung flussabwärts, zurück wurden sie von Pferden auf Treidelpfaden gezogen. Damit diese nicht vor anderen Booten scheuten, trugen sie links eine Scheuklappe. Wenn sie nun auf der Bonner Seite flussaufwärts trotteten, sahen sie die rechtsrheinischen Stadtteile nicht. Wer auf einem Auge blind ist, wird im Rheinland »schäl« genannt. Daher ist die Seite, die die Pferde nicht sahen, die »Schäl Sick«.

Tour durch Beuel

Rundgang durch Beuel

– 7 – *Heimatmuseum › Versöhnungskirche › Bahnhöffche › Rheinpromenade

Dauer: 1 Std.

Praktische Hinweise: Wer von Bonn nach Beuel will, hat die Wahl zwischen der im 15-Minuten-Takt verkehrenden Personenfähre Rheinnixe (› S. 90), der Straßenbahn (Linien 62, 65, 66, 67) und seinem Pkw (Parken im Parkhaus Brückenforum oder am Bahnhöfchen).

Machen Sie sich für den kurzen Rundgang durch Beuel darauf gefasst, von den Bewohnern angesprochen zu werden. Touristen werden eher auf der anderen Rheinseite vermutet, weshalb die hilfsbereiten Beueler Sie vielleicht fragen, ob Sie etwas Bestimmtes suchen. Wenn Sie dies freundlich verneinen und einfach Ihr Interesse an diesem Stadtteil erklären, kommt es bestimmt schnell zu einem netten Schwätzchen über Beuel, die Schäl Sick, Gott und die Welt.

Architektonische Rarität: Doppelkirche in Schwarzrheindorf

*Heimatmuseum Beuel 1

Im ältesten Fachwerkhaus von Beuel wurde 1986 ein Heimatmuseum eingerichtet. In der hübschen Hofanlage ist die Geschichte Beuels »vom Mammut bis zur Gebietsreform 1969« sehr anschaulich erklärt und dargestellt. Beim Rundgang entdeckt man Funde aus der Urzeit, nachgebaute Rüstungen aus der römischen Epoche und erfährt Interessantes aus der Zeit des Deutschritterordens. In der Scheune sind Gerätschaften des bäuerlichen Lebens, Handwerkszeug der Schiffer sowie Alltagsgegenstände der Fischer und Wäscherinnen ausgestellt. Welch beschwerliche Arbeit die Wäscherinnen verrichteten, welche Erleichterungen die Nutzung der Wasserkraft und später der Elektrizität brachte, wird hier lebendig erfahrbar und einprägsam dokumentiert. Heimelig wirken die Räume in dem Wohnhaus von 1726: Eine Schlafstube, eine Küche und die gute Stube sind originalgetreu eingerichtet. Entzückend ist auch das Schulzimmer aus der Kaiserzeit, wo heute Puppen an den Holztischen büffeln. Vom Stall mit einem Plumpsklo, das bis 1980 benutzt wurde, und landwirtschaftlichen Kleingeräten gelangt man in den traditionellen Bauerngarten, wie er um 1600 angelegt und bewirtschaftet wurde. Der Eintritt ist kostenlos, eine Spende wird jedoch erwartet (Wagnergasse 2–4, Tel. 46 30 74, www.hgv-beuel.de, Mi, Sa, So 15–18 Uhr).

Wenn Sie nachempfinden möchten, wie die Bonner und Beueler vor dem Bau der Rheinbrücke 1898 (heute Kennedybrücke) den Rhein überquerten, sollten Sie mit der **Personenfähre Rheinnixe** › S. 90 übersetzen.

Echt gut

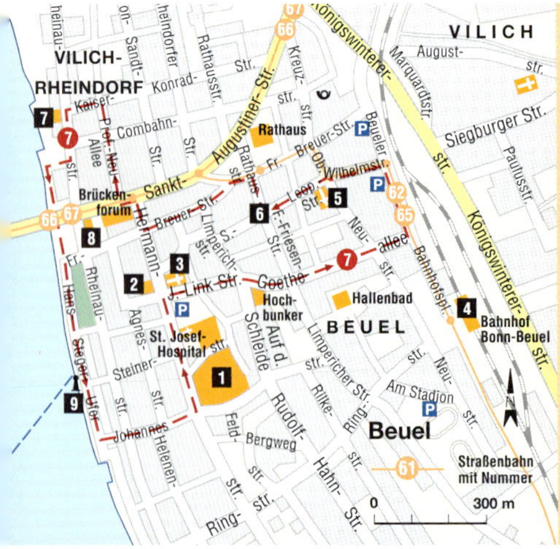

– 7 –
Rundgang durch Beuel

1 Heimatmuseum Beuel
2 Junges Theater Bonn
3 Pfarrkirche St. Josef
4 Beueler Bahnhof
5 Versöhnungskirche
6 Synagogenplatz
7 Zum Bahnhöffche
8 Mehlem'sches Haus
9 Waschfrau

Junges Theater Bonn 2

Die Bühne steht für Kinder- und Jugendtheater der Spitzenklasse. In der JTB Werkstatt, der Schauspielschule für Kinder und Jugendliche des Jungen Theaters Bonn › S. 16, werden jährlich mehr als 700 Kinder und Jugendliche unterrichtet. Aus diesen werden neben dem Profi-Ensemble die Darsteller der Theaterstücke und Musicals besetzt. Der Spielplan beschränkt sich auf eine kleine Auswahl hochkarätiger Stücke (www.jt-bonn.de).

Pfarrkirche St. Josef 3

Gegenüber vom Theater liegt die katholische Pfarrkirche St. Josef, die auf einem Hügel (Bühel) errichtet wurde, der Beuel seinen Namen gab. 1880 wurde mit dem Bau von Chor, Langhaus und Querschiff begonnen, ab 1901 kamen zum ersten Joch der Langkirche drei weitere hinzu, ferner das westliche Querschiff mit dem 70 m hohen Turm. Von der Originaleinrichtung sind noch der Taufbrunnen, die Kommunionbank und der Kanzelkorb erhalten (8–17 Uhr).

Vorbei am **Hochbunker** (Goetheallee), der für 950 Menschen konzipiert wurde, in dem aber während der Bombenangriffe 1944/45 bis zu 4000 Menschen Schutz suchten, gelangt man zum **Beueler Bahnhof 4**. Er wurde zwischen 1870 und 1880 im klassizistischen Stil erbaut. Die Bahnsteigüberdachung aus Holzständerwerk ist noch erhalten und steht heute unter Denkmalschutz.

Das Heimatmuseum Beuel im Fachwerkmantel

Versöhnungskirche 5

Die evangelischen Familien in Beuel, die sich im Zuge der Industrialisierung ab 1860 hier angesiedelt hatten, wünschten sich schon bald eine eigene Kirche. Und so wurde bis 1894 an der Siegfried-Leopold-Straße der Bau einer Backsteinkirche mit einem zierlichen Turm fetiggestellt: eine Saalkirche mit drei Achsen, einem einjochigen Vorbau und einem Sakristeianbau. Das Seitenschiff wurde 1959 angebaut, seit 1988 besitzt sie eine Orgel mit 16 Registern und 39 Glocken.

Echt gut!

Die ehemalige **Germania Brotfabrik ist heute ein alternatives Kulturzentrum,** dessen Programme neben Filmen Tanz-, Theater- und Musikveranstaltungen sowie Ausstellungen umfasst. Die alten Fabrikhallen beherbergen einen Theatersaal, ein Programmkino (Tel. 46 97 21, www.bonnerkinemathek.de), Ateliers, eine Theaterwerkstatt und eine Kneipe. (Kreuzstr. 16, Kartentel. 42 13 10, www.brotfabrik-bonn.de.)

Synagogenplatz 6

Die 1903 neu gebaute Beueler Synagoge wurde in der Reichspogromnacht vom 9. November 1938 völlig zerstört. Unter den Beueler Juden, die vor den Nazis flüchten konnten, befand sich Ruth Levine. Ihr Weg führte sie nach Amerika. Sie stiftete das Denkmal auf dem heutigen Synagogenplatz: Sechs Säulen bilden einen Davidstern, eine Relieftafel zeigt die alte Synagoge vor ihrer Zerstörung.

Im **Brückenforum** finden Konzerte und Partys statt. (Friedrich-Breuer-Str. 17, www.brueckenforum.de.)

Rheinpromenade

Um die Bahnhöfe der Bundesbahn und der Bröltalbahn voneinander zu unterscheiden, nannten die Beueler den Endpunkt der Bröltalbahn **Bahnhöffche 7**. Das Bahnhöfchen ist heute ein technisches Denkmal der 1951 stillgelegten Bahnstrecke nach Waldbröl und Asbach im Westerwald. Die Schmalspurbahn war seit 1863 in Betrieb, sie wurde zunächst von Pferden gezogen. 1871 stellten die Betreiber auf Dampfbetrieb um. Im Stationsgebäude von 1891 findet man inzwischen Speisekarten statt Fahrkarten.

Am Bahnhöfchen beginnt die breit ausgebaute Rheinpromenade, die zum Flanieren einlädt. Das Kriegerdenkmal zum Gedenken an die Gefallenen des Deutsch-Französischen Krieges 1870/71 wurde 1877 aufgestellt.

An der Kennedybrücke verlässt man die Rheinpromenade kurz für einen Abstecher zum **Mehlem'schen Haus 8**. Das Wohnhaus der Familie Mehlem in der Rheinaustraße ist neben dem Lippischen Palais in Oberkassel und der heutigen Hauptpost das einzige spätbarocke Patrizierhaus auf Bonner Stadtgebiet. Die repräsentative Villa wurde 1785 für Franz Joseph Heinrich Mehlem errichtet; er war als Brückenmeister für den reibungslosen Betrieb der Gierponte zuständig: einer Fähre, die durch den Strömungsdruck angetrieben wurde und den Fluss – entlang eines darüber gespannten Drahtseils, mit dem sie durch Ketten verbunden war – überquerte. Die Fassade wird von zwei seitlichen Toreinfahrten eingerahmt. Heute hat die Musikschule Bonn hier ihren Sitz.

Zurück auf der Promenade, lädt ein kleines **Amphitheater** zum Verweilen ein. Bei genauerem Hinschauen entdeckt man die **Hochwassermarken** vergangener Jahre. Achten Sie auch auf den öffentlichen Bücherschrank!

Beuel war Anfang des 19. Jhs. bekannt für seine fleißigen Waschfrauen. Beim Sturm auf das Rathaus am Donnerstag vor Karneval im Jahr 1824 erlangten sie die Oberhand über die Männer und gelten seither im Rheinland als die Erfinderinnen von Wieverfastelovend (Weiberfastnacht). Aus diesem Anlass wurde in den Karnevalstagen 1949 das Denkmal **Die Waschfrau 9** am Beueler Rheinufer aufgestellt. Auf der Sockelplakette steht geschrieben:

Karte Seite 98

»De Welt is e Lake, dat selvs de Beueler Wiever net wäsche kön-ne.« (Die Welt ist ein Betttuch, das selbst die Beueler Frauen nicht waschen können.)

Restaurants

■ **Im Bahnhöfchen**

Rheinaustr. 116][Tel. 46 34 36

www.bahnhoefchen.de

Man speist und trinkt im ehemaligen Bahnhofsgebäude oder auf dem alten Bahnsteig, der zu einer beheizbaren Terrasse umgebaut wurde. ●●

■ **Rheinlust**

Rheinaustr. 134][Tel. 46 70 91

Biergarten an der Rheinpromenade mit Live-Musik. ●●

Die Unterkirche fürs einfache Volk

Abseits der Tour

Ein Abstecher lohnt sich zum kleinen Vorort Schwarzrheindorf, nördlich von Beuel und nach Pützchen, im Osten von Bonn gelegen.

Die historische ***Doppelkirche in Schwarzrheindorf** ist eine architektonische Rarität. Der sorgfältig geplante Kirchenbau wurde 1151 vom Kölner Erzbischof und Kurfürsten Arnold von Wied geweiht. Durch das Oktogon, die achteckige Öffnung zwischen Ober- und Unterkirche, entsteht ein Raum, der symbolisch über sich selbst hinausweist. Die Unterkirche mit den romanischen Wandmalereien zum Alten Testament war anfangs für die Gemeinde bestimmt, die Oberkirche der gräflichen Familie von Wied vorbehalten. In der oberen Etage mit Taufbecken, Orgel und Chor gelangt man zu einem Säulengang mit Blick auf das Bonner Regierungsviertel. Der Hof der Doppelkirche ist eine sehenswerte Idylle: Der Marienbrunnen plätschert, Tauben brüten gurrend in den Dachsparren, Rosen ranken an den Mauern (Unterkirche Di–Fr 9–18.30, Sa, So 11–18.30 Uhr, Oberkirche nur Sa, So).

Der **Friedhof** in Schwarzrheindorf stammt aus dem Jahr 1623 und ist einer der größten jüdischen Friedhöfe im Rheinland. Er ist Begräbnisplatz für die Bonner Juden.

Ganz im Osten Bonns wird Pützchen alljährlich im September zum Paradies für Jahrmarktgänger. Der traditionsreiche **Pützchens Markt**, der bereits seit Anfang des 18. Jahrhunderts stattfindet, zieht jedes Jahr am zweiten Septemberwochenende rund eine Million Besucher an. Die beliebte Kirmes dauert insgesamt fünft Tage und unterhält mit vielfältigem Angebot.

Bad Godesberg

Nicht verpassen!

- Ein Glas Wasser aus den Godesberger Mineralquellen trinken
- Den Turm der Godesburg ersteigen und die Aussicht aufs Siebengebirge und ganz Bonn genießen
- Die Michaelskapelle und den Alten Friedhof besichtigen
- Das älteste Haus von Bonn, das Schwann'sche Haus, ansehen
- In der Redoute der kurfürstlichen Zeit den Hofgesellschaften nachspüren
- Eine Vorstellung im Kleinen Theater besuchen

Karte
Seite 104

Zur Orientierung

Zu Hauptstadtzeiten war Bad Godesberg die »Diplomatenstadt«, die nach Bonn führende B 9 nannte man augenzwinkernd »Diplomatenrennbahn«. Hier vollzog die SPD 1959 mit ihrem »Godesberger Programm« den Wechsel von der sozialistischen Arbeiterpartei zur Volkspartei.

Bad Godesberg war bis 1969 eigenständig und blieb von Bombenangriffen im Zweiten Weltkrieg verschont; die Villen und Stadthäuser waren zu Hauptstadtzeiten begehrte Sitze von Botschaften und Konsulaten. Über allem erhebt sich die Ruine der Godesburg.

Tour durch Bad Godesberg

Spaziergang in Bad Godesberg

– 8 – Stadtpark › Godesburg › Draitschbrunnen › Schwann'sches Haus › La Redoute › Schloss Rigal

Dauer: 1 Std.

Praktische Hinweise: Bad Godesberg ist für Kraftfahrer auf den Autobahnen sowie im Bonner Stadtgebiet gut ausgeschildert. Mit RE 5, MRB 26, RB 30 und RB 48 fährt die DB den Bahnhof Bonn-Bad Godesberg an, die Stadtbahnlinien 16, 63 und 67 halten am Bahnhof und an der Stadthalle.

Auch nach dem Weggang der Botschaften nach Berlin wohnen und arbeiten in Bad Godesberg noch viele Menschen aus den arabischen Ländern. Sie bringen mit ihrer Kultur, ihrer Sprache und ihren köstlichen Speisen ein ganz besonderes Flair in den lebensfrohen Kurort.

Im Stadtpark

Der Rundgang beginnt im Stadtpark. Hier befindet sich die Bad Godesberger **Stadthalle** **1**, ein beliebter Veranstaltungsort für Konzerte, Tagungen und Familienfeste. Im nahe gelegenen **Trinkpavillon** **2** wird das Heilwasser der Kurfürstenquelle ausgeschenkt (Anfang Mai–Sept. tgl. 14–18 Uhr). Eine Abfüllung in Flaschen ist aber nicht möglich.

Entzückend ist das **Kleine Theater** **3** im ehemaligen Bürgermeisterhaus von Bad Godesberg mit nur 161 Sitzplätzen und einer gelungenen Mischung aus Klassikern und modernen Stücken,

Blick auf Bad Godesberg

Komödie, Tragödie, Oper, Musical und Kriminalstücken (Koblenzer Str. 78, Tel. 36 28 39, www.kleinestheater-badgodesberg.de).

Alte Apotheke 4

Der klassizistische Bau, den der Apotheker Theodor Pfaffenberger ab 1840 errichten ließ, bestimmt bis heute das Stadtbild der Fußgängerzone. Die Inneneinrichtung aus dieser Zeit ist teilweise noch vorhanden: Regal- und Schrankeinbauten, Arzneigefäße, Apothekenwaagen und Mörser. Auch das Gemälde des letzten Kurfürsten zu Köln, Max Franz (1784–1801), an der Rückwand ist ein Original. In der Apotheke wohnte Robert Schumann für acht Tage und arbeitete an der Komposition »Vom Pagen und der Königstochter« op. 140.

Restaurant

Zur Lindenwirtin Aennchen
Aennchenplatz 1][Tel. 31 20 51
www.aennchen.de

– 8 – Spaziergang in Bad Godesberg

1 Stadthalle
2 Trinkpavillon
3 Kleines Theater
4 Alte Apotheke
5 Godesburg
6 Michaelskapelle
7 Burgfriedhof
8 St. Marien
9 Marienforster Kirche
10 Draitschbrunnen
11 Schwann'sches Haus
12 La Redoute
13 Haus an der Redoute
14 Kurfürstliche Logierhäuser
15 Rigal'sche Kapelle
16 Schloss Rigal

Lange Zeit galt die Lindenwirtin als das bekannteste Gasthaus Deutschlands. Hier lässt es sich heute vorzüglich speisen. Mo–Sa 18–24 Uhr. ●●●

Am Michaelsplatz

Ein Serpentinenweg führt durch dichten Wald hinauf zur **Godesburg.** Im Herbst und Winter ist er wegen Laub, Schnee und Eis gesperrt, dann geht man über den Michaelsplatz (City-Terrassen) den befestigten Weg mit den Kreuzwegstationen hoch. Bücherwürmer und Leseratten haben hier **die größte Fundgrube frei zugänglicher Bücher** im Bonner Stadtgebiet: In die »Offene Bücherstube«, einen gläsernen Pavillon, kann man sich setzen, um ein Buch anzulesen.

cht gut!

Die **Kammerspiele Bad Godesberg** bieten Inszenierungen klassischer und moderner Dramen (Am Michaelshof 9, Tel. 77 80 08, www.theater-bonn.de).

8 Die **Godesburg 5

Sie ist eine der malerischsten Burgruinen am Rhein. Historiker vermuten, dass der Godesberg schon in der Steinzeit als »Fluchtburg« diente, später von Kelten und Germanen bewohnt wurde. Dass die Römer auf dem Berg siedelten, beweist ein in die Godesburg eingemauerter Altarstein. Bevor der Kölner Erzbischof Dietrich I. von Hengebach 1210 in romantischer Lage die Godesburg als typische Gipfelburg mit ovalem Grundriss erbauen ließ, dien-

Einst bekannte Studentenkneipe

te der Berg als Friedhof, auf dem die Franken ab dem 8. Jh. ihre Toten bestatteten. Zugleich wurde hier der hl. Michael verehrt. 1583, im Truchsessischen Krieg, wurde die Burg gesprengt und war fortan unbewohnbar. Die Ruine wurde der Stadt Godesberg 1891 durch Kaiser Wilhelm II. geschenkt. Besucher können den 32 m hohen Burgturm besteigen (April–Okt. Mi–So 10–18 Uhr). **Von hier bietet sich ein fantastischer Blick über das Rheintal.**

Echt gut!

Inzwischen kann auch die **Michaelskapelle 6** unterhalb der Godesburg wieder besichtigt werden. Eine Nonne lebt als Eremitin in der Klausnerstube. Die reich ausgestattete Kapelle ist wegen ihrer Altäre für die Erzengel Gabriel, Michael und Raphael bekannt. (Mai–Okt. tgl. 9–18 Uhr.)

Auf dem unter Denkmalschutz stehenden **Burgfriedhof 7** finden sich die Gräber vieler historischer Persönlichkeiten wie der Lindenwirtin Aennchen, des Bankiers Guier oder des Politikers

Herbert Wehner. Angeschlossen ist ein kleiner jüdischer Friedhof.

Restaurant

Godesburg
Tel. 31 60 71
www.godesburg-bonn.de
Die Aussichtsterrasse des Restaurants Godesburg ist ideal für eine kleine Rast mit Blick auf Stadt und Rheintal. Einmal im Monat wird ein Krimidinner mit Vier-Gänge-Menü angeboten. Historische Räume wie der Rittersaal und die Weinstube bieten ein fantastisches Ambiente für einen festlichen Abend. Di–So ab 10 Uhr. ●●

Zum Draitsch-brunnen

Über die Burgstraße, wo man linker Hand **St. Marien 8**, eine in neugotischem Stil errichtete katholische Pfarrkirche, und in einem Abstecher von der Brunnenallee die evangelische **Marienforster Kirche 9** besichtigen kann, gelangt man zum **Draitschbrunnen 10**, der zu einem Trinkpavillon ausgebaut worden ist. Hier kommen die Kurgäste auf ein Glas Mineralwasser zu Besuch, die Bonner lassen sich die guten Tropfen in die mitgebrachten Flaschen und Kanister füllen, die vom eisenhaltigen Wasser bisweilen schon ganz rot sind. Das Quellwasser schmeckt intensiv nach den enthaltenen Mineralien. (Mo–Fr 13.30–18, Sa 9–14 Uhr.)

*Schwann'sches Haus 11

In der Elisabethstraße erhebt sich das älteste Haus Bonns, das Schwann'sche Haus. Gebaut wurde der Fachwerkhof allerdings Anfang des 17. Jhs. in der Burgstraße, unmittelbar neben dem Aufgang zur Godesburg. Im Zuge der Godesberger Altstadtsanierung musste es der mehrspurigen Durchgangsstraße weichen. 1978 zerlegten Restauratoren das Haus in seine Einzelteile und rekonstruierten es am Aufgang zum Redoutenpark. Leider ist es nur von außen zu besichtigen.

Redoutenpark

Der zauberhafte Park ist im englischen Gartenstil angelegt. Aufmerksamkeit verdient die Skulptur einer kleinen Nymphe. Sie war 1912 als Bachnymphe für den Godesberger Bach an dessen Mündung in den Rhein aufgestellt worden. Die braven Bürger waren entsctzt über den Nackedei und forderten mit Unterstützung der katholischen Geistlichkeit die sofortige Entfernung von der Rheinpromenade. Für eine Beruhigung der Gemüter sorgte ein Sachverständigengutachten, das feststellte, die Skulptur sei ein Kunstwerk und könne daher gar nicht anstößig sein. Seit 1988 steht sie vor der Redoute.

La Redoute 12

»La Redoute« ist der französische Begriff für ein Ballhaus (abgeleitet aus dem italienischen »ridotto« für Maskenball). Die Godesberger Redoute wurde ab 1790 von Kurfürst Max Franz als Tanzhaus für die Hofgesellschaft angelegt. Der noble klassizistische Bau war als

Karte Seite 104

Französisches Flair mitten in Bonn vermittelt La Redoute

Aushängeschild für sein Heilbad gedacht. 1792 begegnete Joseph Haydn in der Redoute dem jungen Beethoven, ein Jahr später fand hier die deutsche Erstaufführung von Mozarts »Zauberflöte« statt. Bis 1794 war die Redoute Opernsaal, später Spielbank (bis 1818), nach 1945 Clubhaus der französischen Besatzer und später u. a. Ort für Staatsempfänge. Heute finden hier wieder Konzerte statt. Das **Redüttchen,** das kleine Gebäude nebenan, wurde zu kurfürstlichen Zeiten als Gärtnerhaus, Apotheke und Pferdestall genutzt. Heute wird darin ein Restaurant betrieben (tgl. ab 18 Uhr, www.reduettchen.de).

Haus an der Redoute 13

Einst diente es als kurfürstliches Theater, heute präsentiert das Haus an der Redoute als Außenstelle des Bonner Kunstmuseums in Wechselausstellungen Künstler aus Bad Godesberg und dessen Partnerstädten sowie stadthistorische Ausstellungen. Das Haus hat einen hohen Stellenwert im kulturellen Leben Bad Godesbergs, hier finden Empfänge, Lesungen und Kammermusikabende statt (Tel. 77 46 63, Mi–Fr 14–18, Sa, So 10–14 Uhr).

Kurfürstliche Logierhäuser 14

Im grünen Gebäudeteil der Kurfürstlichen Logierhäuser neben dem ehemaligen **Hoftheater** wohnte zu Beethovens Zeiten Neefe, sein Lehrer. Die 1858 fertiggestellte **Rigal'sche Kapelle 15** wird heute von der frankophonen protestantischen Gemeinde genutzt. Sie gehörte zum **Schloss Rigal 16**, das lange Zeit Teil der chinesischen Botschaft war und momentan leer steht.

Buch-Tipp Mit Michael Wenzels »diplomatischem Reiseführer« **Kleine Geschichte(n) Bad Godesberger Botschaften** (Bonn 2011) lässt sich der Stadtbezirk auf ganz neue Weise entdecken.

Special

Wasserpracht in R(h)einkultur

Es ist zweifellos die herrliche Rheinlage, die der Stadt Bonn ihr besonderes Flair verleiht. Schon Königin Victoria von England reiste zu ihrem Staatsbesuch 1845 mit dem Schiff an und genoss bei ihrer Weiterfahrt nach Koblenz das Feuerwerk am Rheinufer.

Chinesisches auf dem Rhein

Mit einem chinesischen Pagodenschiff den Rhein hinaufschippern, dabei Reiswein trinken und Peking-Ente essen? Das **Ocean Paradise** lädt zu einstündigen Panoramafahrten ein (Sa, So, Fei). Ansonsten liegt es als schwimmendes **China-Restaurant** am Hans-Steger-Ufer 10 an der Kennedybrücke vor Anker (Tel. 02 28/9 76 39 88, www.chinaschiff.de).

In Bonn weiß man Wasser auf vielfältige Art zu genießen. Und allein innerhalb des Bonner Stadtgebietes lassen sich fast 39 km Flussufer entlang der Rheinpromenade erwandern.

9 Rheinschifffahrt

Bonn und das Rheintal erlebt man bei einer Schiffstour auf besonders schöne Weise. Rheinabwärts bedienen die Linienschiffe die Städte Köln und Düsseldorf, den Rhein hinauf gelangt man ins romantische Mittelrheintal bis zur Mosel und zum Main. Besonders schön sind die zahlreichen Sonderfahrten mit Tanz, Kabarett, Feuerwerk oder kulinarischen Spezialitäten. Ein Exot unter den leuchtend weißen Schiffen ist Moby Dick – der blaue Wal.

■ **Bonner Personen Schiffahrt e. G.**
Tel. 02 28/63 63 63][www.b-p-s.de

- **Köln-Düsseldorfer Deutsche Rheinschifffahrt AG**
  Tel. 02 21/2 08 83 18
  www.k-d.de
- **Personenschifffahrt Siebengebirge e. G.**
  Tel. 02 28/36 37 37
  www.siebengebirgs-linie.de

Panoramafahrten

Bei den täglichen Panoramafahrten zwischen Bonn und Linz kann man an folgenden Stationen auch aussteigen, die Sehenswürdigkeiten besuchen und anschließend mit dem nächsten Schiff weiterfahren: Bonn-City, Bonn-Bundeshaus, Bad Godesberg, Königswinter, Bad Honnef, Rolandseck, Unkel, Remagen, Linz.

Rhein in Flammen

Am ersten Samstagabend im Mai genießt man Rheinromantik pur bei einer Schifffahrt von Linz nach Bonn. 26 Stromkilometer sind mit bengalischem Feuer am Rheinufer beleuchtet, die romantischen Burgen sind illuminiert, sechs Höhenfeuerwerke versetzen in Staunen. Infos unter www.rhein.feuerwerk-info.de/bonn.

Quellgesund genießen

Die beiden Bad Godesberger Mineralwässer werden im Trinkpavillon in der Brunnenallee › S. 106 direkt ins Glas gezapft, sie eignen sich für Trinkkuren und Kohlensäurebäder. Der stark mineralisierte **Draitschbrunnen** hilft bei Krankheiten des Verdauungsapparates und der Atemorgane, die mildere **Kurfürstenquelle** › S. 103 hilft bei Gefäßerkrankungen und Blähungen.

Nicht weit entfernt liegt Bad Neuenahr › S. 134 mit seiner weltberühmten **Apollinarisquelle.** In deren prickelndem Wasser lässt sich im Ahr-Resort entspannen und baden. Das Wasser des »großen Sprudels« wird in der Trinkhalle im Kurpark an Kurgäste und Besucher ausgegeben.

Freizeitkapitäne

Auf dem Schiffchensee in den Rheinauen können Modellbauer ihre Bootsmodelle steuern. Gleich nebenan auf dem großen Auensee › S. 94 befinden sich eine Segel- und Motorbootschule (Tel. 02 28/ 23 31 32) sowie ein Bootsverleih mit Tret- und Ruderbooten. Für Reisende mit Motorbootführerschein ist ein Charterbootausflug auf dem Rhein ein echter Genuss (Buchung über Bonn-Charter, Tel. 0 22 54/ 83 66 41, www.bonn-charter.de).

Aug in Aug mit Rochen und Seepferdchen

Das Großaquarium **Sea Life** in Königswinter › S. 115 ist vor allem für Familien ein großer Spaß. In dem einzigartigen Unterwassertunnel ist man dem Atlantik mit seinen Haien und Rochen so nah wie sonst nur Taucher und kann die Unterwasserwelt in aller Ruhe beobachten. In der Sonderausstellung über Seepferdchen gibt es vieles über diese ungewöhnlichen Tiere zu erfahren. Ein besonderes Erlebnis sind auch die öffentlichen Fütterungen.

Rechts des Rheins

Nicht verpassen!

- Das Konrad-Adenauer-Haus mit seinem duftenden Rosengarten besuchen
- Eine Dreitageswanderung auf dem Premiumwanderweg Rheinsteig
- Mit der Zahnradbahn hinauf zum Drachenfels fahren
- Eine Rad- oder Paddeltour auf der Sieg
- Eine Nachtwächterführung durch die kleinste Stadt Deutschlands
- In der Chorruine Heisterbach das Mittelalter nacherleben

Karte Seite 112

Zur Orientierung

Nur einen Katzensprung entfernt von Bonn bilden das Siebengebirge und das Siegtal ideale Ausflugsziele für Freizeitsportler und Naturfreunde. Hier erwandern Rheinsteigwanderer ihre ersten Etappen gen Süden. Das Siebengebirge ist eines der ältesten Naturschutzgebiete Deutschlands. Konrad Adenauer verbrachte seine letzten Jahre mit Blick auf den berühmten Drachenfels, der durch seine beiden Burgen und die malerische Rheinlage einfach unverwechselbar ist. Sehenswerte Ausflugsziele im Siegtal von Troisdorf bis zum Westerwald: die winzige Stadt Blankenberg, die quirlige Kreisstadt Siegburg und das historische Alt-Windeck.

Touren rechts des Rheins

10 Im Siebengebirge

– 9 – Bad Honnef › Rhöndorf › Konrad-Adenauer-Haus › Drachenfels › Königswinter › Petersberg › Margarethenhöhe › Chorruine Heisterbach › Oberdollendorf

Dauer: 1–3 Tage
Praktische Hinweise:
Die Hauptorte dieser Tour – Königswinter, Bad Honnef und Rhöndorf – können Sie auch mit der Bahn (Straßenbahn 66, DB RE 8 und RB 27) erreichen, Oberdollendorf nur mit der Linie 66. Von dort geht es mit dem Bus, mit der Zahnradbahn oder aber zu Fuß weiter – am lohnendsten auf einer mehrtägigen Wanderung.

Siebengebirge – das ist geballter Wanderspaß für jedermann. Vom gemütlichen Spaziergang mit dem Kinderwagen über Kurzwanderungen zu einem der vielen Gipfel bis zu Halbtages- und Tagestouren ist nahezu alles möglich. Wer mehr will, durchläuft das Siebengebirge bei seiner Rheinsteigwanderung von Bonn nach Wiesbaden. Einkehrmöglichkeiten und Sehenswürdigkeiten liegen hier dicht an dicht. Das Siebengebirge ist ein Paradies für Ausflügler!

Bad Honnef 1

Aus Bad Godesberg über Rolandswerth kommend, setzt man mit der Fähre nach Bad Honnef über (Mo–Sa 6.30–21, So 8–21 Uhr, www.faehre-honnef.de). Ein

Blick über den Rhein auf den 321 m hohen Drachenfels

beliebtes Ausflugsziel ist hier die **Insel Grafenwerth** **2**, die man über zwei Brücken vom Ufer aus erreicht. Vor der »Grafenwerther Brücke« liegt der »Aalschokker Aranka«, ein 1917 erbautes Schiff, das bis 1990 als Fischerboot im Einsatz war. Im Süden der Insel befindet sich das beliebte Freibad der Stadt mit Riesenrutsche.

Hotel

Haus Drachenloch
Am Domstein 2][53604 Bad Honnef
Tel 0 22 24/96 72 60
www.weingut-pieper.de.
Das gemütliche Gästehaus eines Weinguts liegt in einem Weinberg unterhalb des Drachenfels direkt auf dem Rheinsteig (Rheinsteig-km 27,9). ●●

Restaurant

Restaurant Grafenwerth
Insel Grafenwerth
Tel. 0 22 24/7 15 35
www.grafenwerth.de
Gehobene Küche, monatlich wechselnde Karte. Mo–Fr 14.30–22.30, Sa, So, Fei ab 12 Uhr. ●●●

Rhöndorf 3

Nur wenige Kilometer trennen Bad Honnef von Rhöndorf. Die barocke **Marienkapelle** – 1714 bis 1716 aus Spendenmitteln der Rhöndorfer Bürger gebaut, nachdem die alte Kapelle durch französische Truppen zerstört worden war – ist das Wahrzeichen Rhöndorfs. Berühmtester Bürger des Ortes war zweifellos Konrad Adenauer, der hier drei Jahrzehnte, bis zu seinem Tod, lebte. Im ***__Konrad-Adenauer-Haus__** ist heute eine sehenswerte Gedenkstätte eingerichtet. Man kann die privaten Wohnräume des ersten deutschen Bundeskanzlers be-

9
Im Siebengebirge
Bad Honnef › Rhöndorf › Konrad-Adenauer-Haus › Drachenfels › Königswinter › Petersberg › Margarethenhöhe › Chorruine Heisterbach › Oberdollendorf

sichtigen. Im Flur steht noch das Telefon mit den verschiedenfarbigen Knöpfen, die für Standleitungen zum Wachhaus und ins Bundeskanzleramt sorgten. In einem Neubau unterhalb des Wohnhauses führt eine moderne Dauerausstellung durch das Leben und Wirken Adenauers. Dabei wird nicht nur sein politischer Werdegang beleuchtet, man lernt auch den Privatmann und Familienvater Adenauer kennen, der mit Begeisterung Rosen züchtete, Krimis liebte und gerne Boccia spielte (Konrad-Adenauer-Str. 8c, Bad Honnef-Rhöndorf, Tel. 0 22 24/ 92 12 34, www.adenauerhaus.de, Di–So 10–16.30, Mai–Sept. bis 18 Uhr, Eintritt frei).

Auf dem nahe gelegenen **Waldfriedhof** (Löwenburgstraße) liegt Konrad Adenauer begraben. Nach dem Besuch des Grabes lässt sich eine Wanderung zur **Löwenburg,** dem mit 455 m zweithöchsten Berg des Siebengebirges, anschließen (3 km, 90 Min. ab Friedhof).

Restaurant

Waldwirtschaft Löwenburger Hof
Tel. 0 22 23/2 44 46
www.loewenburger-hof.de
Die Waldwirtschaft ist nur zu Fuß erreichbar, aber **die frischen Waffeln mit heißen Kirschen** lohnen die Mühe! Im Sommer tgl. 10–18.30 Uhr, im Winter bis zur Dämmerung. ●●

Echt gut!

10 **Drachenfels 4

Angeblich erschlug Siegfried den Drachen im Siebengebirge, badete anschließend im Drachenblut und war fortan unverwundbar. So viel zur berühmten Sage, die dem Felsen seinen Namen gab. Wissenschaftlich erwiesen ist, dass der Drachenfels vulkanischen Ursprungs ist. Die Römer betrieben an seinem Fuß einen Steinbruch, bei extremem Niedrigwasser soll ein alter römischer Hafen im Rheinbett zu sehen sein. Später wurden Steine für den Kölner Dom abgebaut, was zu handgreiflichen Auseinandersetzungen zwischen den »Steinmetzen« und der Bevölkerung führte. Von der Burg Drachenfels aus dem 12. Jh. ist nur noch eine wildromantische Ruine übrig. Am bequemsten erreicht man sie mit der **Drachenfelsbahn.** Sie wurde 1883 in Betrieb genommen und gilt als älteste deutsche Zahnradbahn (www.drachenfelsbahn-koenigswinter.de, April 10–19, Mai–Sept. ab 9 Uhr, März, Okt. 10–18 Uhr, jeweils alle 30 Min., Nov., Jan., Feb. Mo–Fr 12–17, Sa, So 11–18 Uhr, jeweils stündl.). Die Fahrt dauert 8 Min., dabei werden 220 Höhenmeter zurückgelegt. Wer den Eselsweg zu Fuß hinaufgeht wird auf halbem Wege auf die **Nibelungenhalle** stoßen (15. März bis 1. Nov. tgl. 10–18 Uhr, 2. Nov.–14. März Sa, So und Weihnachtsferien NRW 11–16 Uhr). 1913, zum 100. Geburtstag von Richard Wagner erbaut, ehrt sie den Schöpfer des »Rings der Nibelungen«. Angeschlossen ist ein **Reptilienzoo.**

Kinder lieben den **Eselritt hinauf auf den Drachenfels.** Startpunkt ist an der Talstation der

Echt gut!

Rheinisches Neuschwanstein: Schloss Drachenburg

Drachenfelsbahn (1. April–31. Okt. Sa, So, Fei ab 11 Uhr).

!! Aufgrund eines **Felssturzes** im Juni 2011 war der Eselsweg, der rheinseitig von Schloss Drachenburg zum Drachenfelsplateau führt, bei Redaktionsschluss noch immer gesperrt! Auch der Rheinsteig › S. 117 ist davon betroffen. Infos und Umleitungsstrecke unter www.siebengebirge.com.

Das romantische Schloss **Drachenburg** wirkt älter, als es ist. Erst ab 1881 wurde das Traumschloss des Barons und Bankiers Stephan von Sarter erbaut. Der Sohn eines zu Reichtum gekommenen und geadelten Gastwirts hat es jedoch nie bewohnt. (www.schloss-drachenburg.de, April bis Okt. Mo–So 11–18 Uhr.) Das Schloss liegt in einem wunderschönen Park und besteht aus einer Vor- und einer Hauptburg. Wer Lust hat, steigt auf den Nordturm und genießt die fantastische Aussicht ins Rheintal. In der Vorburg informiert das **Museum zur Geschichte des Naturschutzes** über dic Naturschutzbewegung in Deutschland (Tel. 0 22 23/70 05 70, www.naturschutzgeschichte.de, geöffnet wie Drachenburg). Im **Bistro** in der Vorburg kann man sich mit Herzhaftem oder Süßem stärken (Tel. 0 22 23/90 19 70, geöffnet wie Drachenburg).

Ein ausgeschilderter Rundweg ergibt sich, wenn man von Königswinter › rechts zum Drachenfels aufsteigt und dort durch den dichten Wald zur **Waldwirtschaft Milchhäuschen** wandert. Echt gut Hier lässt sich gepflegt speisen, bevor man den Weg von knapp 30 Min. hinab nach Königswinter antritt. (www.milchhaeuschen.de, Mo nur bei gutem Wetter 10–18 Uhr, Di bis So 10–18.30 Uhr bzw. bis zum Eintritt der Dämmerung.)

Königswinter 5

Nächste Station ist der gegenüber von Bad Godesberg gelegene Ort Königswinter (40 000 Einw.), bekannt u a. durch das Gästehaus der Bundesrepublik Deutschland auf dem Petersberg, in dem bis heute bedeutende Konferenzen stattfinden.

Wer sich näher mit Entstehung, Landschaft und Geschichte des Siebengebirges beschäftigen möchte, der sollte das **Siebengebirgsmuseum** besuchen. In der Dauerausstellung erfährt man interessante Details zum Vulkanismus dieser tektonisch aktiven Region, zur Geschichte der romantischen Verklärung des Siebengebirges und zur Entstehung des Naturschutzgebietes. Man erfährt, welche Bedeutung Schifffahrt und Flößerei auf dem Rhein, das Steinmetzhandwerk und der Weinbau besaßen. Häufig finden Wechselausstellungen statt. (Kellerstr. 16, Tel. 0 22 23/37 03, www.siebengebirgsmuseum.de, Di–Fr 14–17, Sa bis 18, So 11–18 Uhr.)

Heimische und exotische Fische, Krebse und Muscheln kann man im Großaquarium **Sea Life** kennenlernen. Mittelpunkt der Anlage ist ein Glastunnel im Tiefseebecken mit Rundumblick auf die Unterwasserwelt. Bei den öffentlichen Fischfütterungen werden alle Fragen zur Unterwasserwelt beantwortet (Rheinallee 8, Tel. 0 22 23/2 97 10, www.visitsealife.com, April–21. Okt. 10–18, im Winter bis 17 Uhr, an Wochenenden, Feiertagen und NRW-Ferien bis 18 Uhr).

Info

Tourismus Siebengebirge GmbH
Drachenfelsstr. 51
53639 Königswinter
Tel. 0 22 23/91 77 11
www.siebengebirge.de
April–Sept. tgl. 8.30–19.30 Uhr

Restaurants

- **Altes Fährhaus**
Rheinallee 4][Tel. 0 22 23/2 48 68
www.altes-faehrhaus.net
Logenplatz am Rhein mit saisonaler Küche und Spitzenweinen der Region; auch bei Regen kann man den Rheinblick genießen: in der historischen Weinstube. ●●●
- **Restaurantschiff Alte Liebe**
Rheinufer][Tel. 0 22 23/2 18 18
Romantische Schiffsgaststätte auf dem Rhein. ●●

Echt gut!

Gipfelgastronomie im Siebengebirge

- Die Waldwirtschaft **Löwenburger Hof** › S. 113 liegt nahe der Löwenburg (455 m).
- Das Restaurant **Drachenfels** unter dem Gipfel des Drachenfels (321 m) wird neu gebaut. Eine provisorische Gastronomie ist eingerichtet. Infos unter www.der-drachenfels.de und Tel. 0 22 23/ 90 58 53.
- Das Berggasthaus **Auf dem Ölberg** › S. 117 befindet sich in der Tat am Großen Ölberg (460 m).
- Nicht ganz so hoch, aber immer noch hoch über dem Rhein im Siebengebirge liegt die **Rübezahlstube** im Haus Schlesien, Dollendorfer Str. 412, Königswinter-Heisterbacherrott (182 m).

Das einstige Gästehaus auf dem Petersberg ist heute wieder ein Hotel

Hotels

Hotel im Hagen
Ölbergringweg 45
53639 Königswinter
Tel. 0 22 23/9 21 30
www.hotel-im-hagen.de
Das Hotel mit Restaurant und Café liegt auf 300 m Höhe in sehr ruhiger Lage. Radler und Wanderer sind immer, auch bei Regen, willkommen. ●●

Hotel Schönsitz
Schönsitzstr. 1
53639 Königswinter-Niederdollendorf][Tel 0 22 23/2 15 10
www.schoensitz.com
Ein kleines, inhaberbetriebenes Hotel mit gutem Frühstück. ●●

Petersberg 6

Berühmt ist der 331 m hohe Petersberg nicht wegen seiner **Wallfahrtskapelle,** sondern weil sich im **Gästehaus der Bundesrepublik Deutschland** gekrönte Häupter und Staatsgäste aus aller Welt versammelten. Während der Staatsbesuche blieb die 2 km lange, serpentinenartige Auffahrt auf den Berg gesperrt. Das noch vor dem Ersten Weltkrieg hoch oberhalb des Rheins erbaute Hotel war ursprünglich »nur« ein Nobelhotel für begüterte Reisende, ab 1946 Sitz der Hohen Kommissare der West-Alliierten. 1977 ging es in den Besitz des Bundes über und wurde zum Gästehaus der Bundesregierung, in dem bedeutende Konferenzen abgehalten wurden.

Seit dem Regierungsumzug nach Berlin ist es wieder ein Hotel der Steigenberger-Kette, doch gelegentlich wird es noch für politische Tagungen genutzt. So fand im November 2002 unter schärfsten Sicherheitsvorkehrungen auf Einladung des ehemaligen Bundesaußenministers Joschka Fischer die Afghanistan-Konferenz auf dem Petersberg statt.

Margarethenhöhe 7

Nur wenige Kilometer hinter dem Petersberg, zwischen Ölberg und Löwenburg, liegt das **Naturparkhaus** auf der Margarethenhöhe. Die Ausstellung widmet sich der Natur des Siebengebirges, genauer den Themen Vulkane/Geologie, Steinbrüche, Wald, Kulturlandschaft und Naturschutz/Naturpark. Wegen Umzugs ins Forsthaus Lohrberg ist die Ausstellung voraussichtlich bis Frühjahr 2012 geschlossen. (Löwenburger Str. 2, Tel. 0 22 23/ 90 94 94, www.naturpark-siebengebirge.de.)

Eine schöne **Rundwanderung** führt **von der Margarethenhöhe auf dem Ölbergringweg** um die beiden Ölberge (4,3 km, 90 Min.). Echt gut!

Wandertage auf dem Rheinsteig

Besonders eindrucksvoll lässt sich das Siebengebirge auf einer dreitägigen Wanderung über den Rheinsteig erkunden – einem Fernwanderweg, der auf rund 320 km Länge dem Mittelrhein auf der rechten Rheinseite folgt. Er beginnt in Bonn (am Marktplatz) und führt in einer Schleife durch das Siebengebirge, sodann um das Neuwieder Becken herum, durch Koblenz und Rüdesheim und weiter nach Wiesbaden zum Schloss Biebrich. Die ersten 45 km zwischen Bonn und Unkel sind auch für Untrainierte zu schaffen, wenn genug Zeit und Stärkungen eingeplant werden.

Zum Einstieg bietet sich am ersten Tag die Etappe bis nach Niederdollendorf (13 km) an; am zweiten Tag kann die Wanderung zunächst nach Königswinter (9 km) und weiter nach Bad Honnef (13,5 km) fortgesetzt werden, um sie am letzten Tag mit der Strecke nach Unkel (9,5 km) ausklingen zu lassen.

Sie starten auf dem Bonner Marktplatz und folgen den Wegweisern (stilisiertes weißes R auf blauem Grund) zum Rhein. Dort setzen Sie mit der Fähre nach Beuel über (› S. 90) und folgen der Rheinpromenade, vorbei an der Lochmühle. Nun führt der Weg bergan zu den Oberkasseler Seen und zum Dornheckensee. Bis zum Abzweig Niederdollendorf laufen Sie durch den dichten Wald des Naturparks Siebengebirge.

Hinter Niederdollendorf beginnt schon bald der Aufstieg zum Petersberg (331 m), weiter bergauf geht es zum Geisberg (324 m), dann zum berühmten Drachenfels (321 m) bei Königswinter. Über die Löwenburg (455 m) mit der schönen Burgruine geht es in konstantem Wechsel bergauf-bergab zum Abzweig nach Bad Honnef. Von dort führt Ihr Weg noch einmal hinauf zum Auge Gottes und zum Leyberg (306 m), bevor das Ziel in Unkel erreicht ist und Sie wieder den Rhein sehen.

Zurück können Sie von Unkel mit einem Schiff der Köln-Düsseldorfer Rheinschiffahrt AG fahren (› S. 109). In der Hauptsaison fahren die Schiffe ab Mittag stündlich nach Bad Honnef, Königswinter, Bad Godesberg und Bonn.

Informationen zur Streckenführung, GPS-Daten, zu Hotels und möglichen Pauschalangeboten sind unter www.rheinsteig.de erhältlich.

Chorruine Heisterbach

Restaurant

Gasthaus auf dem Oelberg
Ölbergringweg 100
Tel. 0 22 23/2 19 19
www.gasthaus-oelberg.de
Echt gut! Die Sonnenterrasse bietet einen sehenswerten Ausblick auf das Siebengebirge und den Rhein. Di–Fr 10–20, Sa 9–20, So, Fei bis 18 Uhr. Am Abend Reservierung erbeten! ●●

Heisterbacherrott 8

Die **Chorruine Heisterbach** ist neben dem Drachenfels › S. 113 das meistbesuchte Ziel im Siebengebirge. Die Abteikirche der Zisterzienser im Heisterbachtal zwischen Oberdollendorf und Heisterbacherrott wurde 1237 geweiht. Sie war 44 m breit und 88 m lang und wurde an Größe nur vom Kölner Dom übertroffen. 1803 wurde das Kloster aufgegeben und als Steinbruch für den Nordkanal bei Neuss und die Festung Ehrenbreitstein in Koblenz genutzt. Seit 1984 pflegt die Stiftung Heisterbach das klösterliche Kulturerbe (www.abtei-heisterbach.de).

Vom Parkplatz »Naturdenkmal Weilberg« aus kann man zwei kleine Rundwanderungen zum Stenzelberg mit dem Einkehrhaus Weidmannsruh und zum **Weilberg,** einem Naturdenkmal mit fünf- und sechseckigen Basaltsäulen, machen. Beide Wege zusammen, zu einer »8« geformt, sind eine schöne kleine Nachmittagstour für die ganze Familie (5 km, 90 Min.). Echt gut!

Oberdollendorf 9

Das **Brückenhofmuseum,** ein kleines Heimatmuseum in einem hübschen Fachwerkbau, informiert nicht nur über die Heisterbacher Talbahn, sondern auch über den Arbeitsalltag von Steinmetzen, Schustern, Schreinern und Küfern früherer Zeiten. (Bachstr. 93, Tel. 0 22 23/91 26 23, www.brueckenhof.de, 1. und 2. So im Monat 14.30–17 Uhr; Eintritt frei.)

Im Siegtal

(10) Troisdorf › Siegburg › Stadt Blankenberg › Eitorf › Windeck

Dauer: 1 Tag
Praktische Hinweise: Mit den Stadtbahnlinien 66 und 67 erreichen Sie Siegburg. Die Siegtalbahn der DB versorgt mit S13, RB 95 und RE 9 die Siegorte Troisdorf, Hennef, Blankenberg, Merten, Eitorf, Herchen, Dattenfeld, Schladern und Rosbach.

Eine abwechselungsreiche Flusslandschaft, imposante Burgen, Museen, Gotteshäuser und zahlreiche Naturerlebnisse erwarten Ausflügler auf einer Landpartie durchs Siegtal. Wer seine eigene Muskelkraft einsetzen will, paddelt auf der Sieg, radelt auf einem der Wege am Flussufer entlang oder genießt eine Wanderung durch die Auen und über die Höhen des malerischen Tals.

Troisdorf 1

Die größte Stadt des Rhein-Sieg-Kreises mit 74000 Einwohnern liegt an der Siegmündung. Hier lohnt ein Besuch der **Burg Wissem** mit ihrem Bilderbuchmuseum. Originale Kinderbuchillustrationen und illustrierte Bücher sind der Sammlungsschwerpunkt. Ein besonderes Kleinod ist die Dauerleihgabe von Originalzeichnungen des Kinderbuchautors Janosch. Im Burgturm wurde eine gemütliche Lesestube für die kleinen Bilderbuchfans eingerichtet (Burg Wissem, Burgallee 1, Troisdorf, Tel. 0 22 41/88 41 11, www.bilderbuchmuseum.de, Di–So 11 bis 17 Uhr). An die Burg schließt sich ein Park mit Abenteuerspielplatz und Wildgehege an.

Siegburg 2

Die Kreisstadt des Rhein-Sieg-Kreises ist ein beliebtes Einkaufszentrum (42000 Einw.). In dem Geburtshaus des Komponisten Engelbert Humperdinck (»Ein Männlein steht im Walde«) wurde das **Stadtmuseum** eingerichtet. Eine moderne Ausstellung zeigt die Geschichte Siegburgs, besonders die Keramiksammlung aus Mittelalter und Renaissance sowie die Fossiliensammlungen sind sehenswert. In den urigen Kellergewölben wird das mittelalterliche Siegburg fast körperlich spürbar. (Markt 46, Tel. 0 22 41/5 57 33, Di–Sa 10–17, So bis 18 Uhr.)

Die **Abtei Michaelsberg** hoch über der Stadt wurde 1064 durch Erzbischof Anno von Köln gegründet. Das ehemalige Benediktinerkloster musste 2011 nach rund 950 Jahren aufgegeben werden. Ein neues Nutzungskonzept steht in Aussicht.

Unter dem Motto »Siegtal pur« gehört alljährlich am 1. Sonntag im Juli den **Radlern und Skatern die Siegtalstraße** von Siegburg bis Netphen (www.siegtal.com). Echt gut!

Info

Tourist Information

Europaplatz 3][Siegburg
Tel. 0 22 41/9 69 85 33
www.siegburg.de
Mo–Fr 8.30–18, Sa 10–15 Uhr

Hotels

Klosterhof Seligenthal

Zum Klosterhof 1
Tel. 0 22 42/87 47 87
www.klosterhof-seligenthal.de
Ruhig gelegenes Hotel in den altehrwürdigen Mauern eines Franziskanerklosters. ●●●

Siegblick

Nachtigallenweg 1
Tel. 0 22 41/1 27 33
www.siegblick.de
Mittelklassehotel mit Blick auf das Siegtal und Blankenberg. ●●

*Stadt Blankenberg 3

Die Stadt Blankenberg gehört politisch zwar zu **Hennef,** da es jedoch 1245–1805 Stadtrechte besaß, darf Blankenberg als Titularstadt weiterhin den Zusatz »Stadt« tragen. Hier fühlt man sich ins Mittelalter zurückversetzt. Hoch über der Sieg thront die Burganlage auf einem Felssporn. Burg, Vorburg und die wehrhafte Stadtmauer aus dem 13. Jh. sind weitgehend erhalten. Innerhalb der Umwehrung mit ihren mächtigen Tortürmen gibt es sorgsam restaurierte Fachwerkbauten zu entdecken. Das Turmmuseum im Katharinentorturm zeigt eine heimatkundliche Sammlung (So 15 bis 17 Uhr), im Sommer finden Führungen durch Blankenberg statt, sehr beliebt ist die Nachtwächterführung (Infos unter Tel. 0 22 42/1 94 33; Treffpunkt Wandertafel am Katharinentor).

Restaurant

Zum Alten Turm

Katharinastr. 6][Tel. 0 22 48/21 02
www.zumaltenturm.de

Direkt am Stadttor: köstliche Bergische Waffeln, hausgemachter Kuchen und regionale Gerichte wie Sauerbraten und Tafelspitz. Di–So ab 11 Uhr. ●●

Eitorf 4

Nach wenigen Kilometern hat man Eitorf erreicht, bekannt für sein alle zwei Jahre stattfindendes großes Heißluftballon-Treffen. Höhepunkt ist dann jeweils das »Ballonglühen«, bei dem Dutzende von Ballons gleichzeitig befeuert werden und traumhaft im Dunklen leuchten (nächstes Treffen 2013; Infos unter www.ballon-schroeder.de). Im Ortszentrum von Eitorf und dennoch versteckt liegt der **Skulpturengarten** (Eintritt frei) mit Werken des international bekannten italienischen Malers und Bildhauers **Giovanni Vetere** (geb. 1940). Die in strengem Reliefstil aus Holz, Stein oder Metall gearbeiteten Skulpturen scheinen den Blickkontakt mit dem Betrachter zu suchen. In der benachbarten **Alten Zigarrenfabrik,** einem denkmalgeschützten Gebäude aus der Gründerzeit,

befinden sich Veteres Atelier und die **Galerie Incontro** (Schümmerichstr. 1, www.galerie-incontro.de, Mi–Fr 10–13, 15–18, Sa 10–14 Uhr).

Über Jahrhunderte war **Schloss Merten** Teil eines Klosters der Augustinerinnen, zu dem auch die Klosterkirche **St. Agnes** gehörte. Die romanische Basilika stammt, wie auch das Schloss, aus dem späten 12. Jh. Beide Gebäude sind heute nur von außen zu besichtigen.

Info

Tourist Information
Markt 1][53783 Eitorf
Tel. 0 22 43/1 94 33
www.eitorf.de

Hotel

Landhotel Steffens
Ottersbachtalstraße 15
Tel. 0 22 43/9 19 40
www.hotel-restaurant-steffens.de
Alter Fachwerkgasthof im Ottersbacher Tal mit Wellness-Angeboten wie Sauna, Massagen und Reiki-Behandlungen. ●●

Durchs Windecker Ländchen

Windeck **5** ist Namensgeber für das Ländchen. Hier windet sich die Sieg am schönsten durchs Tal. Bei **Schladern** entstand 1858 beim Eisenbahnbau ein Wasserfall mit 4 m Falltiefe und 84 m Breite. Ein malerisches Ausflugsziel ist die **Burgruine Windeck,** die 1174 erstmals erwähnt wurde. Nach der Zerstörung im Dreißigjährigen Krieg wurde sie nicht wieder aufgebaut. Die einstige Schule in Altwindeck, seit 1974 **Heimatmuseum,** zeigt Fundstücke aus der Burg und Gebrauchsgegenstände der einfachen Leute (Im Thal Windeck 17, Altwindeck, www.heimatmuseum-windeck.de, Tel. 0 22 92/38 88, April–Nov. Sa, So, Fei 14–18, Feb., März So, Fei 14–18 Uhr nach tel. Anmeldung).

Info

Verkehrsverein Windecker Ländchen
Rathausstr. 12][Windeck-Rosbach
Tel. 0 22 92/1 94 33
www.windeck-bewegt.de

10

Im Siegtal

Troisdorf › Siegburg › Stadt Blankenberg › Eitorf › Windeck

Links des Rheins

Nicht verpassen!

- Rheinromantik am Rolandsbogen genießen
- Auf dem Pfannkuchenschiff am Yachthafen in Oberwinter eine Pause einlegen
- UNESCO-Welterbe kennenlernen in Schloss Augustusburg, Schloss Falkenlust und dem Brühler Schlosspark
- Nervenkitzel bei einer 450 m langen Seilbahnfahrt im Kletterwald erleben
- Den einstigen und nie benötigten Regierungsbunker erleben ... und erleichtert aufatmen
- Eine Radtour entlang der römischen Wasserleitung unternehmen
- Bei einer Wanderung auf dem Rotweinwanderweg köstlichen Ahrwein trinken

Karte Seite 124

Zur Orientierung

Bonns linksrheinische Umgebung ist geprägt von höchst unterschiedlichen Landschaftsformen. Im Rheintal können Sie die viel besungene Rheinromantik heute noch spüren, das Ahrtal mit seinen dramatisch steilen Weinbergen ist nicht nur für Weinfreunde ein beliebtes Ausflugsziel. Sanfter geht es im Vorgebirge zu, dort wird auf höchst fruchtbarem Boden Landwirtschaft betrieben. An heißen Sommertagen angenehm kühl ist es im Kottenforst und im Villewald. Durch diese Wälder führt auch der Römerkanal-Wanderweg von Köln nach Nettersheim (Eifel), der mit der Römerwasser-Radtour in einer Teiletappe vorgestellt wird.

Touren links des Rheins

Zum Rolandseck

– 11 – Rolandsbogen › Nonnenwerth › Rolandseck

Dauer: 2–3 Std.

Praktische Hinweise: Wer mit öffentlichen Verkehrsmitteln zum Rolandsbogen will, steigt in Mehlem (sanfter Anstieg) oder Rolandseck (steiler Anstieg) aus der RE 5 oder RB 27. 45 Minuten sollten Sie für den Weg einplanen.

Ob Roland aus dem berühmten Rolandslied Pate für die Namen Rolandsbogen und Rolandseck stand, ist ungewiss. Sicher ist aber, dass Sie beim Anblick des Rolandsbogens, dem einzigen Überrest der Burg Rolandseck im Remagener Stadtteil Rolandseck, an Heldenepen und Ritterburgromantik erinnert werden. In die Gegenwart zurück holen Sie das Kloster Nonnenwerth, der historische Bahnhof in Rolandseck und das Arp Museum.

Rolandsbogen 1

Der 105 m über dem Rhein gelegene Rolandsbogen, das Symbol der Rheinromantik schlechthin, ist das Relikt einer im 12. Jh. erbauten Burg, die 1673 bei einem Erdbeben zerstört wurde. Von der ehemaligen Burg Rolandseck ist lediglich ein Burgfenster erhalten geblieben und selbst das stürzte am 28. Dezember 1839 ein. Dank der Bemühungen des Dichters Ferdinand Freiligrath (1810 bis 1876) wurde der Rolandsbogen schon im darauffolgenden Jahr wieder aufgebaut. Gemeinsam mit

Weinbergterrassen im Ahrtal

den gegenüberliegenden Burgen Drachenfels und Wolkenburg sicherte Burg Rolandseck einst die Südgrenze des kurkölnischen Territoriums. Ein steiler Fußpfad führt von der Rheinpromenade hinauf. Sanfter bergan geht es von Mehlem auf dem asphaltierten Höhenweg am **Rodderberg.**

Restaurant

Restaurant Rolandsbogen

An der Burgruine][Remagen-Rolandswerth][Tel. 0 22 28/3 72
www.rolandsbogen.de
Hoch über dem Rhein werden im Restaurant Rolandsbogen erlesene Spezialitäten serviert. In »Freiligraths Schatzkammer« kann man den kleinen

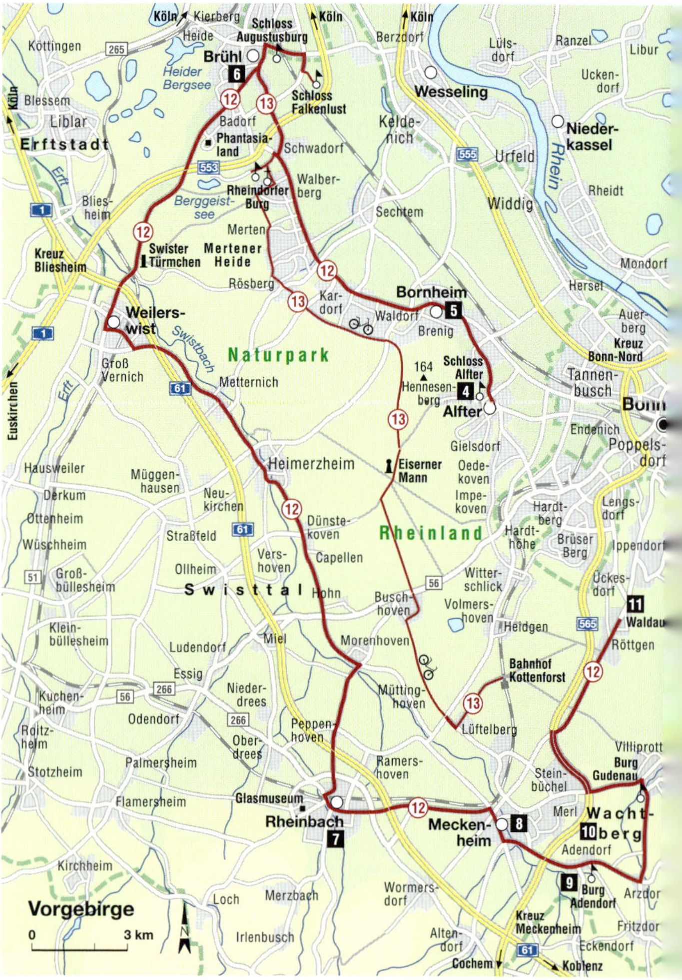

Hunger zwischendurch stillen. Mi–So 12–24 Uhr. Zufahrt Sa, So, Fei von 8–18 Uhr für Autos gesperrt. ●●●

Nonnenwerth 2

Von 1126 bis 1821 lebten Benediktinerinnen in der Klosteranlage auf der Insel Nonnenwerth. Nach der Säkularisierung wurde das Kloster zeitweilig als Gasthaus genutzt. Franz Liszt (1811–1886) zählt zu den berühmtesten Besuchern der Schenke. Doch nicht nur das Stück »Die Zelle in Nonnenwerth« erinnert an Liszts Aufenthalte auf der Insel, der Komponist pflanzte hier eigenhändig eine Platane. Seit 1854 ist Nonnenwerth in der Hand der Franziskanerinnen, die ein Privatgymnasium betreiben. Besucher müssen sich beim Kloster anmelden (Tel. 0 22 28/6 00 90, www.nonnenwerth.org).

Rolandseck 3

Der **historische Bahnhof** in Rolandseck, ein klassizistisches Bauwerk aus der Mitte des 19. Jhs., beherbergt heute das ***Arp Museum** mit einer umfangreichen Sammlung der Künstler Hans Arp (1887–1966) und Sophie Taeuber-Arp (1889–1943). In der ersten Etage werden wechselnde Aus-

– 11 –

Zum Rolandseck
Rolandsbogen › Nonnenwerth › Rolandseck

– 12 –

Durch das Vorgebirge nach Brühl
Alfter › Brühler Schlösser (Augustusburg und Falkenlust) › Rheinbach › Burg Adendorf › Bonn-Waldau

– 13 –

Römerwasser-Radtour
Brühl › Römerkanal-Wanderweg › Walberberg › Rheindorfer Burg › St-Walburgis-Kirche › Hexenturm › Kitzburg › Kottenforst › Eiserner Mann › Buschhoven › Lüftelberg › Rheinbach

Einzig der Fensterbogen blieb von der einst wehrhaften Rolandsburg übrig

stellungen gezeigt und ein Festsaal dient literarischen und musikalischen Veranstaltungen. Gleich nebenan lädt ein Bistro mit einer großen Terrasse und lohnendem Blick auf den Rhein zu einer Pause ein. (Hans-Arp-Allee 1, Remagen, Tel. 0 22 28/ 9 42 50, www.arpmuseum.de, Di–So, Fei 11 bis 18 Uhr). Auf den Rheinhöhen hoch über dem Bahnhof wurde der von Richard Meier entworfene **Museumsneubau** 2007 für das Publikum geöffnet.

In dem nahe gelegenen **Wildpark Rolandseck** kann das heimische Schwarz-, Rot- und Damwild erlebt und gefüttert werden (Am Kasselbach 4, Remagen-Rolandseck, Tel. 0 22 28/4 33, www.wildpark-rolandseck.de, 15. März bis 15. Nov. Mi–So 10–18 Uhr).

Restaurant

Pfannkuchenschiff

Am Yachthafen][Oberwinter

Tel. 0 22 28/91 11 91

www.schlemmerschiff.de

Große Auswahl an regionalen und deutschen Gerichten. Die süßen und herzhaften Pfannkuchen sind einfach köstlich. Di–So ab 11:30 Uhr.

●–●●

Durch das Vorgebirge nach Brühl

⑫ Alfter › Brühler Schlösser (Augustusburg und Falkenlust) › Rheinbach › Burg Adendorf › Bonn-Waldau

Dauer: 1 Tag

Praktische Hinweise: Wer diese Tour mit öffentlichen Verkehrsmitteln angehen will, sollte sich eine Tageskarte kaufen. Hier muss mehrfach zwischen Stadtbahn (Linie 18 und 68 nach Alfter, Bornheim,

Brühl) und DB (RE 5, MRB 26, RB 48 nach Brühl, RB 23 nach Rheinbach, Meckenheim, Kottenforst) gewechselt werden.

Bergausrüstung und Klettererfahrungen sind nicht erforderlich, wenn Sie sich auf den Weg ins Vorgebirge machen: Der Villerücken, ein zwischen Köln und Bonn westlich des Rheins verlaufender Höhenzug, ist kaum höher als 170 m. Erholungsuchende finden im Naturpark Rheinland zahlreiche Wanderwege und Badeseen, Kulturinteressierte sollten einen ganzen Tag für die Schlossstadt Brühl einplanen.

Auf dem Kappesweg

Im gesamten Vorgebirge wachsen vorzügliche Äpfel, Birnen, Erdbeeren, Kartoffeln und natürlich »Kappes un Schawuur«: Weißkohl und Wirsing. In schöner Lage über dem Rheintal liegt das in der Staufferzeit erbaute und später barock überbaute **Schloss Alfter** **4**, das ein fröhlicher Ort gewesen zu sein scheint. Warum sonst würden die Skulpturen »König und Königin« so beschwingt im Schlosshof tanzen? Heute ist das Schloss Sitz der Kunst- und Schauspielhochschule Alanus. In der Galerie im Schloss kann man die Temperabilder des belgischen Ingenieurs und Landschaftsmalers Renier Roidkin (1684–1741) bewundern, der auf seinen ausgedehnten Wanderungen neben einer Fülle von Skizzen und Federzeichnungen interessante Fantasielandschaften schuf (Alanus-Hochschule, Schloss Alfter, Tel. 0 22 22/9 32 10).

Bornheim **5** war schon den Römern bekannt. Heute besuchen Literaturliebhaber den Friedhof von Bornheim-Merten: Denn hier liegt der Schriftsteller und Nobelpreisträger Heinrich Böll (1917 bis 1985) begraben.

Restaurant

Bistro im Römerhof
Bornheim-Brenig
Tel. 0 22 22/9 29 30
In der Golfanlage Römerhof können auch Nichtgolfer von Kaffee und Kuchen über kleine Gerichte bis hin zu üppigen Menüs vortrefflich speisen. Di–So ab 12 Uhr. ●●

Die besten Tropfen links des Rheins

Echt gut!

- Hauseigenes Bier wird im **Brauhaus Rheinbach** gezapft, Wilhelmsplatz 1, Tel. 0 22 26/91 38 00.
- Süffiger Brombeerwein und andere Spezialitäten aus der **Brombeerweinkellerei Rebellenblut** in Alfter › S. 128.
- Weinproben finden im historischen Gewölbekeller des **Weinguts Kloster Marienthal** statt › S. 137.
- Gute Rot- und Weißweine von der Ahr werden in der Straußwirtschaft **Im Burggarten** ausgeschenkt, Im Burggarten 6–12, Dernau, Tel. 0 26 43/79 84.
- Der beliebte milde Rotsekt Sanct Peter wird in der Weinkirche von **Brogsitters Gasthaus** in Walporzheim serviert › S. 138.

Ein bisschen Versailles am Rhein: Schloss Augustusburg in Brühl

Shopping

Rebellenblut
Weberstr. 164][Alfter
Tel. 0 22 22/33 30
www.rebellenblut.de
Die Kellerei Rebellenblut stellt einen köstlichen Brombeerwein her, gekeltert aus den **Beeren, die an den Hängen des Vorgebirges wachsen.**

Echt gut!

Brühl 6

11 ***Schloss Augustusburg und ***Schloss Falkenlust

Kurfürst Clemens August legte 1725 den Grundstein für das **Schloss Augustusburg** auf den Ruinen eines mittelalterlichen Wasserschlosses. Er wünschte sich ein Repräsentationsgebäude mit einer Parkanlage im Stil des Schlosses von Versailles. Die dreiflügelige Anlage wurde 1766 fertiggestellt. 1984 wurde Schloss Augustusburg zusammen mit dem Jagdschloss Falkenlust und den Gärten zum UNESCO-Weltkulturerbe erklärt. Eine Besichtigung ist nur im Rahmen einer rund einstündigen Führung möglich. Auf beiden Etagen sind die Zimmer als Enfilade angelegt, d.h. man kann durch die geöffneten Türen alle Zimmer des Flügels sehen. Das Erdgeschoss wurde für den Aufenthalt im Sommer eingerichtet: Marmorboden, Fliesen und helle Töne bringen die nötige Frische in die Räume. In der darüberliegenden Etage dominieren warme Töne. Für die kälteren Tage im Jahr wurden hier Holzboden, Holzvertäfelungen und Tapete aus Ziegenleder verarbeitet. Die Etagen werden durch eine imposante, von Balthasar Neumann geschaffene Freitreppe verbunden. (Schlosstr. 6, Tel. 0 22 32/ 4 40 00, www.schlossbruehl.de, Di–Fr 9–12, 13.30–16, Sa, So, Fei 10–17 Uhr, Dez., Jan. geschl.)

Die 1728 geschaffene barocke Gartenanlage von **Schloss Falkenlust** ist dank konsequenter Pflege heute eine der wenigen noch authentischen Gartenanlagen des 18. Jhs. Clemens August liebte die Falkenjagd und ließ am Ende einer langen Allee das graue Jagdschloss bauen. Hier traf er sich mit seinen Beratern, Jagdgenossen und Mätressen. Die Kabinette und Schlafzimmer sind nicht minder prunkvoll ausgestattet als die im Schloss Augustusburg. An die Falkenjagd erinnern vor allem die Aussichtsplattform auf dem Dach und die originalgetreue Falknerstube. Das Schloss ist ohne Führung zu besichtigen. (Öffnungszeiten wie Schloss Augustusburg.)

**Max Ernst Museum

Max Ernst (1891–1976) war einer der großen Künstler des 20. Jhs. Er spielte bei der Entstehung des Dadaismus und der surrealistischen Kunst eine tragende Rolle. In seiner Geburtsstadt Brühl präsentiert das Max Ernst Museum eine unvergleichliche Sammlung von hochkarätigen Gemälden, Grafiken und Skulpturen. (Comesstraße 42/Max-Ernst-Allee 1 www.maxernstmuseum.de, Di bis So 11–18 Uhr, für Kinder und Jugendliche Eintritt frei.)

Steuermuseum

Das Steuermuseum in der Bundesfinanzakademie zeigt einen umfassenden Abriss der Geschichte der Steuern und Zölle. Beginnend mit den ersten Steuern vor der Zeitenwende über das Steuerwesen der Römer, Germanen und des Mittelalters wird der Weg zum Steuersystem der Moderne aufgezeigt. Wie beliebt das Steuerwesen in vergangenen Zeiten war, sieht der Besucher in der Sammlung englischer und deutscher Karikaturen aus dem 18. bis 20. Jh. (Willy-Brandt-Str. 10, Tel. 02 28/9 96 82 51 82, Mo–Fr 8.30 bis 15 Uhr, Eintritt frei).

Kletterwald Schwindelfrei

Im Kletterwald Schwindelfrei kann man hoch oben durch die Bäume hangeln. Auf drei Parcours in bis zu 10 m Höhe kann jeder seine Trittsicherheit und seinen Gleichgewichtssinn testen. (Liblarer Str. 183, Tel. 0 22 32/15 74 71 www.schwindelfrei-bruehl.de, Mi–Fr 12–20, Sa, So 10–20 Uhr, im Winter bis Einbruch der Dunkelheit).

Badeseen & Phantasialand

Der **Heider Bergsee** ist einer der ca. 40 Seen, die nach dem Braunkohleabbau im Rahmen der Rekultivierung ab 1920 zwischen Hürth, Brühl, Erftstadt und Bornheim entstanden. In den Wäldern aus Buchen, Roteichen, Kiefern und Lärchen finden Wanderer, Radler und Wassersportler vielfältige Erholungsmöglichkeiten.

Kinder werden begeistert sein: Der **Freizeitpark Phantasialand** Echt gut! bietet auf 280 000 m² Abenteuerlandschaften, Wildwasserabfahrten, Geisterzüge, Shows etc. Die Attraktionen sind meist besonderen Themen zugeordnet. Die jüngsten Themenbereiche entführen die Besucher nach Afrika und zu den Azteken (Berggeiststr. 31 bis 41, www.phantasialand.de, April–Okt. 9–18 Uhr, Advent/Weihnachtsferien 11–20 Uhr).

Info

brühl-info

Uhlstr. 1][50321 Brühl
Tel. 0 22 32/7 93 45][www.bruehl.de
Mo–Fr 9–19, Sa 9–13 Uhr, Mai–Okt. Sa bis 16, So 13–17 Uhr.

Wasserburg Lüftelberg

Hotel

Hotel Ling Bao
Tel. 0 22 32/3 62 00
www.hotellingbao.de
Nach chinesischem Vorbild eingerichtetes Wohlfühlhotel im Phantasialand › S. 129 mit Wellnessbereich und ruhiger Gartenanlage. Das zweite Themenhotel heißt Matamba. ●●

Restaurant

Brauhaus am Schloss
Max-Ernst-Allee 2
Tel. 0 22 32/99 33 14
www.brauhausamschloss.de
Gemütliches Brauhaus im alten Bahnhof mit Blick auf Schloss Augustusburg. Von ländlich-deftiger Küche bis hin zu internationalen Spezialitäten. ●●

Rheinbach 7

Eine **mittelalterliche Stadtbefestigung** mit drei gut erhaltenen Wehrtürmen aus dem 17. Jh. umgibt die historische Altstadt von Rheinbach (26 000 Einw.) mit ihrer Burgruine. Neben dem **Hexenturm** kann man im Himmeroder Hof (Himmeroder Wall 6) neben dem **Naturparkzentrum** (www.naturpark-rheinland.de, Di–Fr 10–12, 14–17, Sa 14–17, So 11–17 Uhr) das **Glasmuseum** mit mundgeblasenen Kunstwerken, zeitgenössischen Glasexperimenten, Jugendstil, Art déco und der Spezialsammlung für nordböhmisches Hohlglas besichtigen (www.glasmuseum-rheinbach.de, Di–Fr 10–12, 14–17, Sa, So 11–17 Uhr).

Meckenheim 8

Sehenswert ist in dem Städtchen Meckenheim (26 000 Einw.) die **Wasserburg Lüftelberg** mit dem zweiflügeligen barocken Herrenhaus von 1730, die aber leider nur von außen zu besichtigen ist. Die **Obere Mühle** war bereits 1413 Bannmühle des Bonner Cassius Stiftes. Hier – und nirgendwo anders – mussten die Untertanen ihr gesamtes Getreide mahlen lassen. Folgten sie der Weisung nicht, hatten sie mit Strafe zu rechnen. Bis 1972 war die Mühle in Betrieb. Mittlerweile ist die Mühlentechnik restauriert worden und sehr sehenswert (Besichtigung auf Anfrage unter Tel. 0 22 25/94 74 09).

Shopping

Brennerei Brauweiler
Meckenheim-Altendorf
Krötenpfuhl 8][Tel. 0 22 25/73 85
www.brennerei-brauweiler.de
Verkauf von naturtrübem Apfelsaft, Likören und prämierten Edelobstbränden. Mo–Fr 14–18.30, Sa 9–16 Uhr.

Burg Adendorf 9

Die Burg entstand vermutlich im frühen 14. Jh. Die Vorburg ist durch einen breiten Wassergraben von der Hauptburg getrennt. Im quadratischen Innenhof kann man an der Struktur der Renaissancefassaden erkennen, dass es einen Vorgängerbau aus Fachwerk gab (www.burgadendorf.de).

Im 18. Jh. zogen die »Kannebäcker« (Töpfer) aus dem Westerwald nach **Adendorf.** Hier gab es genügend Brennholz und guten Ton, die Städte Bonn und Köln boten beste Absatzchancen, und der Herr der Burg Adendorf versprach Salze für die Herstellung von Salzglasuren. Adendorf ist seither ein Töpferort. Infos zu den in Adendorf ansässigen Töpfereien unter www.adendorfer-toepfergemeinschaft.de.)

Restaurant

Gasthaus Kräutergarten
Töpferstr. 30
Tel. 0 22 25/ 75 78
www.gasthaus-kraeutergarten.de
Edelrestaurant und Gourmettreff.
Di–Sa ab 18, So 12–18 Uhr. ●●●

Wachtberg 10

Obwohl der Drachenfels auf der rechten Rheinseite liegt, breitet sich das Drachenfelser Ländchen linksrheinisch aus. Die früheren Herren des Drachenfels dehnten ihren Herrschaftsbereich auf das heutige Wachtberg aus und machten die Wasserburg **Burg Gudenau** zu ihrem neuen Zuhause. Im frühen 13. Jh. entstanden, erhielt sie im 17./18. Jh. ihr heutiges Aus-

Die Waldau ist Teil des Bonner Stadtwalds

sehen. Die Burg ist in Privatbesitz und nicht zu besichtigen.

Besonders schön ist der nach italienischen Vorbildern in drei Terrassen angelegte Schlossgarten, der einzige private Barockgarten des Rheinlands (März bis 20. Dez. Mo–Fr 8–12, 13–17 Uhr).

Bonn-Waldau 11

Das **Naherholungsgebiet Waldau** auf dem Venusberg mit seinen vielen Rad- und Wanderwegen ist ein beliebtes Ausflugsziel für Familien. Im Wildfreigehege können Rotwild, Damwild und Wildschweine beobachtet werden. Der große Spielplatz allein ist für viele Kinder Grund genug, auf einen Ausflug in die Waldau zu drängen. Dem Restaurant Waldau angeschlossen ist das Museum **Haus der Natur,** ein Waldinformationszentrum, das über die verschiedenen Baumarten informiert und einen nach alter Tradition angelegten Bauerngarten besitzt (www.

hausdernatur-bonn.de, April bis Okt. Di–Fr 13–18, Sa, So 11–18, Nov.–März bis 17 Uhr.)

Restaurant

Waldau
An der Waldau 50
Tel. 02 28/28 18 84
www.waldau.de
Das Buffet ist stets gefüllt mit Kuchen, Torten und Teilchen, die Zitronenrollen und Nougatringe sind unwiderstehlich! Di–So 10–18 Uhr. ●●

Römerwasser-Radtour

(13) Brühl › Römerkanal-Wanderweg › Walberberg › Rheindorfer Burg › St-Walburgis-Kirche › Hexenturm › Kitzburg › Kottenforst › Eiserner Mann › Buschhoven › Lüftelberg › Rheinbach

Dauer: 1 Tag
Praktische Hinweise: Die Tagestour beginnt am DB-Bahnhof Brühl und ist etwa 40 bzw. 45 km lang. Den Rückweg nach Brühl per Bahn können Sie entweder bei Lüftelberg vom Bahnhof Kottenforst antreten (gesamt ca. 40 km) oder Sie radeln weiter bis Rheinbach (gesamt ca. 45 km).

Als Köln noch Colonia Claudia Ara Agrippinensium hieß, bezogen die Römer ihr Wasser zunächst aus dem Vorgebirge, später aus der Eifel. Entlang der so entstandenen Fernwasserleitungen verläuft ein archäologischer Wanderweg von 111,3 km Länge. Sein nördliches Ende liegt inmitten der lebensfrohen rheinischen Stadt Köln, im Süden endet er im idyllischen Naturschutzdorf Nettersheim. Die Strecke dazwischen führt durch die fruchtbaren Äcker des Villerückens, die dichten Wälder des Naturparks Rheinland und die sanften Hügel der Nordeifel. Der **Römerkanal-Wanderweg** ist im Bereich des Naturparks Rheinland besonders schön vom Fahrrad aus zu erkunden.

Sie werden erstaunt sein, wie viele Abschnitte und Bauten des Römerkanals nach 2000 Jahren noch erhalten sind und welch bezaubernde Burgen, Kirchen und Ortschaften sich mit erholsamen Naturerlebnissen abwechseln!

Werfen Sie noch schnell einen Blick auf die **Brühler Schlösser** › S. 128, bevor Sie in die Pedale steigen. Fahren Sie durch die Bahnhofsstraße und Schlossstraße zur Schlosskirche an der Fußgängerzone. Hier müssen Sie, an der »brühl-info« links vorbei, das Rad ein Stück schieben. Beim Kreisverkehr an der Giesler-Galerie fahren Sie in die Bonnstraße. Dieser folgen Sie unter einer Autobahn (A 553) hindurch bis Brühl-Schwadorf. Am Ortsende treffen Sie auf eine Haltestelle der Vorgebirgsbahn (Linie 18). Hier überqueren Sie die Walberberger Straße und fahren so lange die Dominikanerstraße hinauf, bis Sie eine nach links weisende Markierung des Römerkanal-Wanderwegs finden: ein stilisierter Querschnitt durch die Wasserleitung,

Karte Seite 135

die aussieht wie ein auf dem Rücken liegendes großes »D«. Hier, direkt an der **Rheindorfer Burg,** folgen Sie der Hohlgasse nach links in den Ort hinein. Sie werden einige Kanalabschnitte zu sehen bekommen, außerdem die **St-Walburgis-Kirche** und den **Hexenturm.** Vorbei an der Kitzburg führt die Strecke durch einen Hohlweg in die Mertener Heide und auf der Höhe des Villerückens an einigen Bornheimer Ortsteilen vorbei.

Hinter Brenig taucht der Weg in den **Kottenforst** ein. Hier können Ausbruchgräben des Römerkanals, der Kamelleboom und der **Eiserne Mann** betrachtet werden. Weitere Highlights der Tour sind die Örtchen **Buschhoven** und **Lüftelberg** mit weiteren Fundstücken des Römerkanals.

Buch-Tipp Ingrid Retterath, **Der Römerkanal-Wanderweg,** Conrad Stein Verlag 2008.

12 Im **Ahrtal entspannen

(14) Bad Bodendorf › Bad Neuenahr › Ahrweiler › Altenahr

Dauer: 1 Tag
Praktische Hinweise: Alle Zielorte im Ahrtal sind bequem ab Bonn Hbf mit der Ahrtalbahn (RB 30) zu erreichen.

Für Weinliebhaber und Feinschmecker ist eine Reise nach Bonn ohne Abstecher ins Ahrtal

Weinbau im fruchtbaren Ahrtal

unvorstellbar. Zwischen den steilen Weinbergen laden in jedem Dorf die Winzer zur Weinprobe, und die vielen Weinstuben, Gasthäuser und Spezialitätenrestaurants sind ein Paradies für Gourmets. Angebaut wird an der Ahr vorwiegend Rotwein; Wanderer auf dem Rotweinwanderweg können zu jeder Jahreszeit die Winzer bei der Rebenpflege oder Lese antreffen.

Bad Bodendorf 1

Das idyllische Fachwerkdorf gilt als Tor zum Ahrtal. Im Mittelalter verlief hier eine wichtige Straße, die Frankfurt mit der Kaiserpfalz in Aachen verband. Einige Wanderrouten liegen heute noch an der alten »Heerstraße«.

Der 35 km lange **Rotweinwanderweg** startet am Bahnhof. **Der Höhenweg bietet traumhafte Ausblicke,** wehrhafte Burgen und Villen aus der Römerzeit. Alle 2–5 km kann man sich entscheiden, ob man weiterwandert oder zum nächsten Ort ins Tal absteigt.

Echt gut!

Die Ahrtalbahn (RB 30) fährt bis kurz nach 21 Uhr etwa einmal stündlich zurück.

Info

Tourist-Service Sinzig
Bachovenstr. 10
53489 Sinzig
Tel. 0 26 42/98 05 00
www.sinzig-info.de
Mi, Do 11–13, Fr 13–15 Uhr

Bad Neuenahr 2

Über **Heimersheim** mit der alten **Burgruine Landskron** aus dem 13. Jh. auf einem 300 m hohen, markanten Basaltfelsen erreicht man **Bad Neuenahr-Ahrweiler** (› S. 135), wo seit fast 150 Jahren Kurgäste das gesunde Quellwasser zu therapeutischen Zwecken genießen. Längst zählt die Kreisstadt zur exklusiven Vereinigung der »Royal Spas of Europe«, und das Quellwasser Apollinaris hat als »Königin der Tafelwässer« Weltruhm erlangt.

Ein einzigartiges Wohlfühlangebot für Körper, Geist und Seele bietet auf 20 000 m² das **Ahr-Resort,** das aus dem **Historischen Thermal-Badehaus** mit Medical- und Mental-Wellness-Angeboten und den Ahr-Thermen besteht.

In den **Ahr-Thermen** sprudelt kristallklares heilsames Mineralwasser aus den Massagedüsen. Das kohlensäurereiche Wasser prickelt sanft auf der Haut. Aus 395 m Tiefe steigt es mit einer konstanten Temperatur von 36 °C empor, im Pool kommt es mit kuschelwarmen 31 °C an. Wärme und die gelösten Mineralien verstärken die Durchblutung und regen den Stoffwechsel an. Auch im Winter kann man im warmen Thermalwasser des Außenbeckens baden. In der Saunalandschaft werden täglich normale Aufgüsse und Event-Aufgüsse angeboten, bei denen z. B. Eis oder Honig zum Einreiben gereicht werden. Die zahlreichen Sauna-Zeremonien sind den kleinen Aufpreis wert, die Tropical-Zeremonie etwa ist wie ein Ausflug in den sonnigen Süden: Aufgüsse mit Pina Colada, Maracuja und Papaya, dazu Peelings aus Reismehl und Kaffeebohnen. Und wer Ahr und Eifel in sein Herz geschlossen hat, entscheidet sich für die Eifel-Fango- oder Eifel-Birken-Zeremonie (Felix-Rütten-Str. 3, Tel. 0 26 41/80 11 00, www.ahr-resort.de, tgl. 9–23 Uhr).

Ein Rendezvous mit dem Glück suchen Gäste aus aller Welt in der **Spielbank Bad Neuenahr** (Kurhaus Bad Neuenahr/Felix-Rütten-Str. 1, www.spielbank-bad-neuenahr.de, tgl. 14–3 Uhr).

Paradiesische Seilbahnfahrten und prallen Kletterspaß können Sie im **Waldkletterpark WaldAbenteuer** erleben. Nach einer gründlichen Sicherheitseinweisung heißt es klettern, hangeln, schwingen und springen von Station zu Station, immer gut gesichert, bis zu 15 m über dem Waldboden. Das ist ein Abenteuer für die ganze Familie, schon Kinder ab sechs Jahren dürfen mitmachen, der Instruktor berichtet von einem 82-Jährigen, der alle Stationen durchkletterte.

Echt gu

Karte Seite 135

Etwas Besonderes ist der Tarzansprung, bei dem Sie kurz im freien Fall fliegen, bevor Sie sicher am Seil 17 m weiter zu einem riesigen Netz schwingen. (Königsfelder Str. 2, Tel. 01 51/56 06 93 33, aktuelle Öffnungszeiten unter www.wald-abenteuer.de.)

Info

Ahrtal-Tourismus
Hauptstr. 114][53474 Bad Neuenahr
Tel. 0 26 41/9 17 10
www.ahrtal.de

Hotels

■ **Hotel Steigenberger**
Kurgartenstr. 1][Tel. 0 26 41/94 10
www.steigenberger.com/Bad_Neuenahr
Das Hotel kooperiert mit dem Ahr-Resort. So kann man seinen Urlaub gleich doppelt genießen. ●●●

■ **Ringhotel Giffels Goldener Anker**
Mittelstrasse 14
Tel. 0 26 41/8 04 0
www.giffelsgoldeneranker.de
Familiäres 4-Sterne Haus mit schönem Wellnesbereich und Weinverkostungen mit regionalen Spezialitäten. ●●●

Restaurant

Neuenahrer Brauhaus
Hauptstr. 112][Tel. 0 26 41/95 06 60
www.neuenahrer-brauhaus.de
Deftige Brauhausspeisen in einem zünftigen Bierkeller oder im Biergarten. Tgl. ab 11.30 Uhr, Jan.–März Do geschl. ●●

*Ahrweiler 3

Das zweite Zentrum von Bad Neuenahr-Ahrweiler ist mittelalterlich geprägt. Durch vier mächtige Stadttore in der noch vollständig erhaltenen Stadtmauer mit ihren Türmen, Wallgräben und Wehrgängen betritt man die Altstadt. Kleine Gassen führen in den historischen Stadtkern von Ahrweiler. Die vielen schönen Fachwerkbauten, besonders schön zu sehen in der Niederhutstraße, beherbergen kleine Cafés, Weinhäuser und Geschäfte. Wer sich intensiver mit dem Thema Weinbau beschäftigen möchte, sollte das **AhrWeinForum** besuchen, ein Museum, das über die Geschichte des Weinbaus informiert. Bei den Führungen besichtigt

(14) **Im Ahrtal entspannen** Bad Bodendorf › Bad Neuenahr › Ahrweiler › Altenahr

Milde Nächte in der Altstadt des mittelalterlich geprägten Ahrweiler

man den historischen Gewölbekeller aus dem Jahr 1878. (Walporzheimer Str. 19, Tel. 0 26 41/ 91 71 65, April–Nov. Sa, So, Fei 14 Uhr).

Neuestes Highlight für Besucher des Ahrtals ist die ***Dokumentationsstätte Regierungsbunker.** Die korrekte Bezeichnung lautete »Ausweichsitz der Verfassungsorgane der Bundesrepublik Deutschland«, sein Deckname war »Dienststelle Marienthal«. In dem zur Kaiserzeit geplanten Tunnel für die Bahnstrecke Ruhr-Lothringen wurde Anfang der 1950er-Jahre das geheimste und teuerste Bauwerk in der Geschichte der Bundesrepublik Deutschland gebaut – soweit man überhaupt etwas geheim halten kann, an dem Tausende von Handwerkern arbeiteten. Auf über 17 km Länge und mit 50–120 m Gebirgsüberlagerung wurden für geschätzte 4,5 Mrd. DM fünf autarke Bauteile errichtet, die im internationalen Spannungsfall die obersten Bundesorgane auch bei Bombenbeschuss und atomarer Strahlung so hätten schützen können, dass sie noch entscheidungs- und verhandlungsfähig gewesen wären. Zu sehen sind Gänge und Räume auf gut 200 m Länge mit originaler Einrichtung, wie z. B. Schaltzentrale, Kanzlerzimmer, Schlafräume sowie Räume für den Zahnarzt und den Friseur. (Am Silberberg 0, Tel. 0 24 61/91 71 65, www.ausweichsitz.de, www.regbu.de, Mi, Sa, So, Fei 10–18 Uhr, letzter Einlass 16.30 Uhr, im Winter für Einzelbesucher geschl.)

Am Fuße des Silberbergs wurde ein römisches Herrenhaus mit Badetrakt gefunden. Es ist als **Museum Römervilla** zu besichtigen und bietet Eindrücke in die ländliche römische Lebensweise des 2. und 3. Jhs. (Am Silberberg 1, Tel. 0 26 41/53 11, www.museum-roemervilla.de, Ende März–Mitte Nov. Di–So 10–17 Uhr).

Hotel

Rodderhof

Oberhutstr. 48][Tel. 0 26 41/39 90
www.hotel-rodderhof-ahr.de

Ehemaliges Klostergut mit geschmackvoll eingerichteten Räumen. Hier kann man auch köstliche Eifeler Gerichte speisen. ●●●

Restaurant

Maibachfarm

Im Maibachtal 100
Tel. 0 26 41/3 66 79
www.maibachfarm.de

In der Straußwirtschaft des über die Grenzen der Region hinaus bekannten biologischen Weinguts Maibachfarm genießt man **süffige Weine, edle Destillate oder den Apfel-Viez.** Mai–Juni, Sept.–Okt. Sa, So, Fei ab 11 Uhr. Gutsverkauf der Weine April–Dez. Mo bis Fr 8–17, Sa, So 11–17 Uhr.

Shopping

Ahr-Gourmet

Niederhutstrasse 21
Tel. 0 26 41/3 42 85

Das Weingut Maibachfarm (› oben) betreibt in der Ahrweiler Altstadt eine Verkaufsstelle für seine Weine. Tgl. 10 bis 18.30 Uhr, Nov.–März Di geschl.

Walporzheim 4

Durch seine sonnige Südhanglage ist Walporzheim weithin bekannt für seinen guten Wein. Vom 13. bis 18. Jh. gehörte das Weingut St. Peter den Kölner Erzbischöfen. Schon im 19. Jh. nahm der Ort die Spitzenposition unter den Weinorten der Ahr ein.

Im alten **Kloster Marienthal** hat sich ein beliebtes Ausflugsziel etabliert: Die einstige rheinland-pfälzische Staatliche Weinbaudomäne in der idyllischen Klosterruine von 1104 ist nun ein **Weingut mit Vinothek.** Hier lässt sich herrlich ausspannen, feiern und genießen. (www.weingut-kloster-marienthal.de).

Hotel

Romantik Hotel Sanct Peter

Walporzheimer Str. 118
Tel. 0 26 41/90 50 30
www.hotel-sanctpeter.de

Ein Frühstück im idyllischen alten Garten dieses Hotels bleibt in Erinnerung. Die Romantik einer über 100 Jahre

Mörderische Eifel

Freunde des Kriminalromans sind im Ahrtal genau richtig. Die Eifelkrimis von C. S. Henn (*1973) spielen in Walporzheim und anderen Orten an der Ahr. Der Protagonist und Freizeitdetektiv Julius Eichendorf ist ein fabelhafter Koch, und so haben Henns Krimis stets einen Hang zu Rotwein und Kulinarischem. Von welchen Weingütern sich der Autor beim Schreiben inspirieren ließ, müssen Sie aber vor Ort selbst ermitteln! (Die mittlerweile sechs Krimis sind im Kölner Emons Verlag erschienen: »In Vino Veritas«, »Nomen est Omen«, »In Dubio pro Vino« …)

Zauberhafte Ausblicke auf Altenahr

alten Villa paart sich ideal mit der zweckmäßigen Eleganz eines gläsernen Fahrstuhls. ●●●

Restaurant

Brogsitters Gasthaus Sanct Peter
Walporzheimer Str. 134
Tel. 0 26 41/9 77 50
www.sanct-peter.de
Echt gut! **Im alten Kelterhaus von 1713** genießt man in drei herausragenden Restaurants regionale, frisch und fantasievoll zubereitete Küche. ●●●

Mayschoß 5

Die bekannte Winzergenossenschaft Mayschoß-Altenahr von 1868 ist die älteste Deutschlands. Hier lohnt ein Besuch des alten Weinkellers mit verzierten Holzfässern (Ahrrotweinstr. 42, Tel. 0 26 43/9 36 00, www.winzergenossenschaft-mayschoss.de). Auf der gegenüberliegenden Anhöhe galt die von drei Seiten von der Ahr umflossene **Ruine der Saffenburg** lange als uneinnehmbar.

Hotel

Lochmühle
Ahrrotweinstr. 62
Tel. 0 26 43/80 80
www.hotel-lochmuehle.com
Komfortables Hotel mit einem der besten Restaurants im Ahrtal und schönem Wellnessbereich. ●●–●●●

*Altenahr 6

Die Ahr macht um den Felsgrat Langfig einen großen Bogen. Das wildromantische Langfigtal steht unter Naturschutz und kann nur über einen Wanderweg entlang des Flussufers erreicht werden. Die Straße in den Winzerort Altenahr wird durch einen 1833 angelegten Tunnel geführt. Über dem Ort erhebt sich die **Burgruine Are,** der Aufstieg zum Aussichtspavillon ist der westlichste Teil des Rotweinwanderwegs › S. 133. Am anderen Ortsende geht es zum 354 m hohen **Ditschhardt;** hier kommt man auch mit dem Sessellift hinauf.

Info

Verkehrsverein
Altenburger Str. 1 a
53505 Altenahr][Tel. 0 26 43/84 48
www.altenahr-ahr.de

Restaurant

Gasthaus Assenmacher
Brückenstr. 12][Tel. 0 26 43/18 48
www.gasthaus-assenmacher.de
Vorzüglich schmeckt es sowohl in der Gaststube als auch im Gourmet-Restaurant. Übernachtungsmöglichkeit im angeschl. Hotel. Gaststube Di–So 12 bis 14.30, 17.30–21 Uhr, Gourmet-Restaurant Mi–So 17.30–21 Uhr. ●●–●●●

Infos von A–Z

Banken

Banken und Sparkassen sind meist Mo–Fr 9–12.30 und 14–16, Fr bis 15.30 Uhr geöffnet. Außerhalb der Öffnungszeiten stehen für Barabhebungen überall Geldautomaten zur Verfügung.

Behinderte

Für Menschen mit Behinderung hält die Bonn Information einen Tourismusführer bereit – mit Tipps für Anreise, Unterkünfte, Gastronomie, Sehenswürdigkeiten und Behindertentoiletten. Er kann unter Tel. 77 50 00, Fax 77 50 77 oder per E-Mail unter bonninformation@bonn.de angefordert werden, online ist er auf www.bgbonn.de zu finden.

Camping

- **Campingplatz Genieaue,** Im Frankenkeller 49, Bad Godesberg, Tel. 34 49 49.

Zahlreiche weitere Campingplätze liegen außerhalb des Bonner Stadtgebietes, eine umfassende Liste ist bei www.bonn-region.de unter »Service/Freizeit & Sport/Camping« zu finden.

- **Wohnmobilstellplatz Auerberg,** An der Josefshöhe, Tel. 9 09 36 11, Straßenbahn 61 und 65, Haltestelle An der Josefshöhe. Gebührenfreie Stellplätze für zehn Wohnmobile.
- **Wohnmobilstellplatz Regierungsviertel,** Baunscheidtstr. 17, Tel. 77 50 00, U-Bahn 16, 63, 66, 67 und 68, Haltestelle Heussallee/Museumsmeile. Stellplätze für zehn Wohnmobile, Toilettenanlage mit Dusche.

Fundbüros

- **Fundbüro der Stadt Bonn,** Stadthaus, Tel. 77 25 92, fundbuero@bonn.de, Onlineformular auf www.bonn.de. Öffnungszeiten: Mo, Do 8–16, Di, Mi, Fr 8–13 Uhr. Auch zuständig für vermisste Gegenstände aus Bussen und Bahnen der SWB und VRS.
- **Fundservice der Deutschen Bahn AG:** Fundsachen werden nur noch zentral in Wuppertal verwaltet, Vordrucke für Nachforschungsaufträge sind im Bahnhof oder als Download auf www.bahn.de erhältlich. Fundservice-Hotline: Tel. 09 00/1 99 05 99.
- **Tierheim Albert Schweitzer,** Lambareneweg 2, Tel. 63 69 95. Entlaufene Tiere werden hier betreut.

Hallenbäder

Infos und aktuelle Öffnungszeiten unter www.bonn.de (Sport & Freizeit/Bonner Bäder)

- **Frankenbad,** Adolfstr. 45, Tel. 77 24 62.
- **Kurfürstenbad,** Bad Godesberg, Kurfürstenallee 7a, Tel. 35 39 86, Mo Ruhetag.
- **Beueler Bütt,** Beuel, Goetheallee 29–36, Tel. 46 22 53, Mo Ruhetag.
- **Schwimmhalle Hardtbergbad,** Duisdorf, In der Dehlen 6, Tel. 62 62 18, Mo Ruhetag.

Information

Tourist-Informationen, Zimmervermittlung, Stadtrundfahrten, Tickets etc. bei:

- **Bonn Information,** Windeckstr. 1 (am Münsterplatz), 53103 Bonn, Tel. 77 50 00, Fax 77 50 77, www.bonn.de. Öffnungszeiten: Mo–Fr 10–18, Sa 10–16, So, Fei 10–14 Uhr.

Auskünfte auch zu den Regionen Rhein-Sieg und Ahrtal:

- **Tourismus & Congress GmbH,** im WorldCCBonn, Platz der Vereinten Nationen 2, 53113 Bonn, Tel. 91 04 10, Fax 9 10 41 11, www.bonn-region.de.

Kartensperrungen

- **Sperr-Notruf**: Tel. 116 116 www.sperr-notruf.de
- **Debitkarten** (ec, Maestro, Bank-, SparkassenCard): 0 18 05/021 021
- **Mastercard:** Tel. 08 00/8 19 10 40
- **Visa:** 08 00/8 11 84 40
- **Amex:** 0 69/97 97 10 00
- **Diners Club:** 0 18 05/33 66 95
- **E-Plus:** 01 77/10 00
- **O2:** 01 79/5 52 22
- **T-Mobile:** 0 18 03/30 22 02
- **Vodafone:** 01 72/12 12

Medien

Die größte Bonner Tageszeitung ist der **General-Anzeiger**. Der **Kölner Stadt-Anzeiger** und die Kölnische Rundschau, hier **Bonner Rundschau** genannt, und das Boulevardblatt **Express** erscheinen in Lokalausgaben. Die christlich orientierte Wochenzeitung **Rheinischer Merkur** hat ihren Sitz in Bonn. Das Stadtmagazin **Schnüss** (wörtlich übersetzt »Schnauze«) bietet Monat für Monat Berichte, Reportagen und Meldungen aus dem Bonner Stadtleben sowie einen umfassenden Veranstaltungskalender (kostenlos erhältlich an 300 Verteilstellen in Bonn). **Radio Bonn/Rhein-Sieg** ist ein beliebter Lokalradiosender, **Radio 96,8** ein studentischer Radiosender. Der **WDR** betreibt in Bonn für Hörfunk und Fernsehen ein Bundesstudio und ein Regionalbüro. Der Fernsehsender **Phoenix** sendet aus dem ehemaligen Hauptstadtstudio des ZDF. Im Schürmann-Bau hat die **Deutsche Welle** ihre Zentrale. Der benachbarte Gebäudekomplex Tulpenfeld im Regierungsviertel ist Standort der Bundespressekonferenz und einer Außenstelle der **Deutschen Presse-Agentur**.

Notfall

- **Notarzt/Feuerwehr**: Tel. 112
- **Polizei:** Tel. 110
- **Giftnotrufzentrale:** Tel. 2 87 32 11
- **Ärztlicher Notdienst:** Tel. 0 18 05/04 41 00
- **Zahnärztlicher Notdienst:** Tel. 0 18 05/98 67 00
- **Apotheken-Notdienst:** Tel. 0 11 89

Gut zu wissen

Bonn Regio WelcomeCard
Einzelpersonen zahlen für die WelcomeCard Bonn inkl. Fahrschein im Bonner Stadtgebiet für 24 Std. 9 €, Familien (2 Erw. mit bis zu 3 Kindern zwischen 6 und 17 Jahren) 19 €; darin ist u. a. der freie oder ermäßigte Eintritt in Museen in und um Bonn enthalten. Mit der WelcomeCard Bonn Plus oder WelcomeCard VRS kann man die Nutzung der öffentlichen Verkehrsmittel erweitern. ADAC-Mitglieder erhalten weiteren Rabatt. Erhältlich bei den Touristenbüros, in einigen Hotels und Museen. Alle Infos, aber auch Online-Bestellung unter www.bonn-region.de.

Shopping
Im Bonner Einkaufsführer, den die Tageszeitung General-Anzeiger herausbringt (6 €), werden jährlich die 300 besten Shopping-Tipps aus Bonn und Umgebung zusammengestellt: Mode, Design und Kuriositäten!

TagesTicket
Innerhalb von Bonn kostet das TagesTicket für den öffentl. Nahverkehr für 1 Person 7,50 € (gültig ab Entwertung bis 3 Uhr des Folgetages; keine Fahrradmitnahme), für 5 Personen 11,10 € (Mo–Fr ab 9 bis 3 Uhr des Folgetages, Sa, So, Fei ganztägig). Infos zu allen Tickets und Tarifen unter www.swb-busundbahn.de

Pannen- & Unfallhilfe

- **ACE-Euro-Notruf:** Tel. 0 18 02/35 35 36
- **ADAC-Notrufzentrale:** Tel. 0 18 02/22 22 22
- **AvD-Notrufzentrale:** Tel. 08 00/9 90 99 09
- **Zentralruf der Autoversicherer:** Tel. 0 18 02/50 26
- **Notfon D:** 08 00/6 68 36 63 (Mobiltelefon-Notruf)

Parken

In der Bonner Innenstadt stehen Autofahrern zahlreiche Parkhäuser zur Verfügung:

- **Bahnhofgarage** (Einfahrt: Münsterstraße),
- **Beethoven-Parkhaus** (Engeltalstraße), DB-Parkhaus (Quartiusstraße),
- **Friedensplatzgarage** (Oxfordstr.),
- **Hotel Bristol** (Prinz-Albert-Straße),
- **Marktgarage** (Stockemstraße),
- **Mühlheimer Platz** (Karstadt, Budapester Straße),
- **Münsterplatzgarage** (Kaufhof, Budapester Straße),
- **Oxford-Garage** (Oxfordstraße),
- **Parkhaus Bonn-City** (Rabinstraße),
- **Parkhaus Oper** (Berliner Freiheit/Brassertufer),
- **Stadthaus** (Weiherstraße),
- **Stiftsgarage** (Kölnstraße),
- **Uni-Garage** (Stockemstraße).

Wer die Tel. 02 28/9 69 91 99 anruft, erhält eine SMS mit allen freien Parkhaus-Plätzen.

Post

Zentral gelegene Postfilialen: **Münsterplatz 17** (Innenstadt, Weg 1), **Am Johanneskreuz** (Altstadt, Weg 3), **Dorotheenstr.** (Altstadt, Weg 3), **Kreuzstr. 22** (Beuel, Weg 6)

Taxi

Standplätze Innenstadt: vor und hinter dem Hauptbahnhof, Stadthaus, Post-Tower, Kunsthalle, Bertha-von-Suttner-Platz und Friedensplatz.
Standplätze Bad Godesberg: Bahnhof, Stadthalle und Theater.
Standplätze Beuel: Bahnhof und Konrad-Adenauer-Platz.
Zentraler Taxiruf: Bonner Funk-TAXI-Zentrale, Tel. 55 55 55 und 1 94 10.

Telefon/Vorwahl

Bonn hat die Vorwahl 02 28. Sie gilt für alle Telefon- und Faxnummern, sofern keine andere Vorwahl angegeben ist.

Toiletten

Öffentliche Toiletten im Stadtzentrum: Touristinformation (Eingang Untergeschoss), Stadtbücherei Bottlerplatz (auch Behindertentoilette), Stadthaus (auch für Behinderte), Hauptbahnhof (gegen Gebühr), Bertha-von-Suttner-Platz (behindertengerecht), Rheinisches LandesMuseum (Untergeschoss), Remigiusplatz/Blumenmarkt (Treppe hinter Kiosk).

Veranstaltungshinweise

- **bonnJOUR** Veranstaltungsmagazin für die Stadt Bonn mit Tourismus-Tipps, Veranstaltungskalender und vielen nützlichen Adressen. Erscheint monatlich (2 €).
- **Stadtmagazin Bonnaparte** Unter dem Motto »Erobere deine Stadt« tagesaktuelles Online-Magazin für Bonn und Umgebung: www.bonnaparte.de

Urlaubskasse	
Tasse Kaffee	2–3 €
Softdrink	2,50 €
Glas Bier	1,50–2 €
Currywurst mit Fritten	4,20 €
Eisbecher	4–5 €
Taxifahrt (10 km)	16 €
Mietwagen/Tag	ab 55 €

Register

Bildnachweis

AG Bad Neuenahr: 24; AG Bad Neuenahr/hpm mayer, simmern: 25; Alamy/imagebroker: 8; Alamy/Werner Otto: 130; Bildagentur Huber/Lubenow: 67; Bildagentur Huber/Kornblum: U2-Top12-12; Bildagentur Huber/R. Schmid: 54; Deutsches Museum/Hans Joachim Becker: 50; Fotolia.com/Der Schmock: 38; Fotolia/Honggang Hu: 41; Fotolia/internetter: 22; Fotolia/iofoto: U2-Top12-07; Fotolia/now: 118; Rainer Hackenberg: U2-Top12-03; IFA-Bilderteam/AFI: 47; IFA-Bilderteam/Glück: 15; IFA-Bilderteam/Ostgathe: U2-Top12-04; IFA-Bilderteam/Tschanz: U2-Top12-11; laif/Fechner: 85; laif/Dirk Kruell: 46; laif/Fulvio Zanettini: 6/7, 116; LOOK-foto/age fotostock: 114; LOOK-foto/Heinz Wohner: 21; mauritius-images/Karl Kinne: 110; Hans-Peter Merten: 64, 128; pixelio/Klaus Pfaff: U2-Top12-10; Presseamt der Stadt Bonn/Michael Sondermann: 35, 69, 83, 96, 99, 101; Ingrid Retterath: 32; Ringhotel Rheinhotel Dreesen: 27; Dirk Winter: 16, 36, 45, 51, 53, 58, 62, 66, 71, 73, 77, 78, 80, 88, 91, 92, 95, 105, 107, 126, 131, U2-Top12-09; Ernst Wrba: 9, 29, 30, 56, 61, 63, 86, 102, 108, 122, 133, 136, 138, U2-Top12-01, U2-Top12-02, U2-Top12-05, U1-Top12-06, U2-Top12-08.

Polyglott im Internet: www.polyglott.de

Impressum

Wir freuen uns, dass Sie sich für einen Reiseführer aus dem Polyglott-Programm entschieden haben. Auch wenn alle Informationen aus zuverlässigen Quellen stammen und sorgfältig geprüft sind, lassen sich Fehler nie ganz ausschließen. Wir bitten um Verständnis, dass der Verlag dafür keine Haftung übernehmen kann. Ihre Hinweise und Anregungen sind uns wichtig und helfen uns, die Reiseführer ständig weiter zu verbessern.
Bitte schreiben Sie uns:
GVG TRAVEL MEDIA GmbH, ein Unternehmen der GANSKE VERLAGSGRUPPE
Redaktion Polyglott, Harvestehuder Weg 41, 20149 Hamburg, redaktion@polyglott.de

Wir wünschen Ihnen eine gelungene Reise!

Herausgeber: GVG TRAVEL MEDIA GmbH
Redaktionsleitung: Grit Müller
Autorin: Ingrid Retterath
Lektorat: Kirsten E. Lehmann
Redaktion: Annette Pundsack, Redaktion A–Z, Köln
Bildredaktion: GVG TRAVEL MEDIA GmbH und Ulrich Reißer
Layout: Ute Weber, Geretsried
Titeldesign-Konzept: Studio Schübel Werbeagentur GmbH, München
Karten und Pläne: Sybille Rachfall und Kartografie GVG TRAVEL MEDIA GmbH, Hamburg
Satz: Silvia Langhoff, Köln
Druck und Bindung: Stürtz Mediendienstleistungen, Würzburg

Printed in Germany
Dieses Buch wurde auf chlorfrei gebleichtem Papier gedruckt.

PEFC
PEFC/04-31-1404

ISBN 978-3-8464-0615-1